心情特攻隊：我的心情遊戲書

（第一冊）

情緒辨識想選做

孟瑛如、郭興昌、黃小華
陳昱昇、陳品儒、張麗琴、鄭雅婷

孟瑛如
學歷：美國匹茲堡大學特殊教育博士
現職：國立清華大學特殊教育學系教授

郭興昌
學歷：國立雲林科技大學漢學研究所碩士
現職：雲林縣大東國小總務主任

黃小華
學歷：國立嘉義大學特殊教育學系碩士
現職：雲林縣溝壩國小特教教師

陳昱昇
學歷：國立虎尾科技大學資訊管理研究所碩士
現職：雲林縣立仁國小特教教師

陳品儒
學歷：國立高雄師範大學特殊教育研究所碩士
現職：雲林縣斗六國小特教教師

張麗琴
學歷：國立屏東大學特殊教育學系學士
現職：雲林縣莿桐國小特教教師

鄭雅婷
學歷：國立嘉義大學特殊教育學系學士
現職：雲林縣石榴國小特教教師

編輯說明

本書為《心情特攻隊》桌遊的遊戲書，提供桌遊遊戲中的60種情緒學習單，讓孩子認識情緒及辨別情緒。此外，亦提供遊戲中處己、處人、處環境及兩難等100種情境的學習單，讓孩子能在不同情境或不同角色中說出適切的處理方式，以達到自發、互動、共好的精神。教師與家長可在和孩子一起玩桌遊之前或之後使用本書，可以得到最佳的學習效果。

本書包含第一冊（一、二）和第二冊（三、四、五），共分成五種學習單，介紹如下：

一、心情臉譜：本學習單提供60種情緒語詞並解釋其義。學生可根據學習單所提供的情緒敘述語句，參考各種五官圖案，再畫出該表情。

二、自我情緒選擇：本學習單可搭配《心情特攻隊》桌遊的玩法三「心滿意足」使用。孩子可根據學習單所提供的情境，寫出自己的情緒感受，並想出兩種作法、預測結果，最後根據結果重新審視自我的情緒。

三、情緒猜謎：本學習單可搭配《心情特攻隊》桌遊的玩法一「心心相印」和玩法二「心有靈犀」使用。孩子可根據學習單所提供的情境描述來猜出相符的情緒語詞，並想出另一個相似的情境。

四、自我情緒與互利情境：本學習單可搭配《心情特攻隊》桌遊的玩法四「情緒我做主」使用。孩子可根據學習單所提供的情緒狀態，想出情境，並寫出作法與結果，然後檢視自己的作法與結果是否符合「利己與利人」的精神，最後可在利己或利人的愛心當中塗鴉。

五、提示想選猜做：本學習單可搭配《心情特攻隊》桌遊的玩法三「心滿意足」和玩法五「情緒你我他」使用。孩子可根據學習單所提供的情境，圈出選擇的作法，之後想出自己與他人預測的結果，最後再決定怎麼做，並自我評分，滿分為10分。

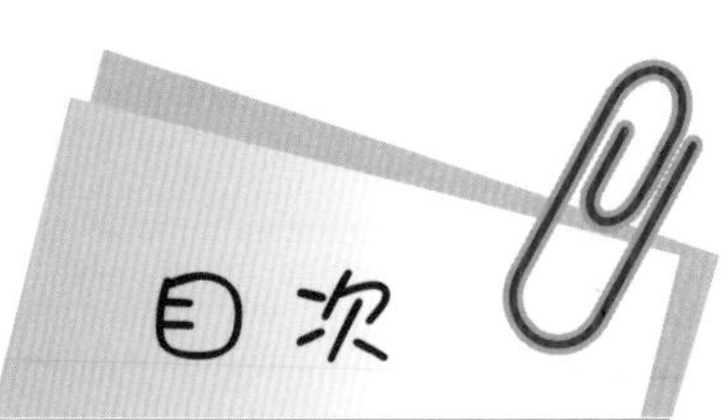

心情臉譜

目次

。自我情緒選擇。

目次

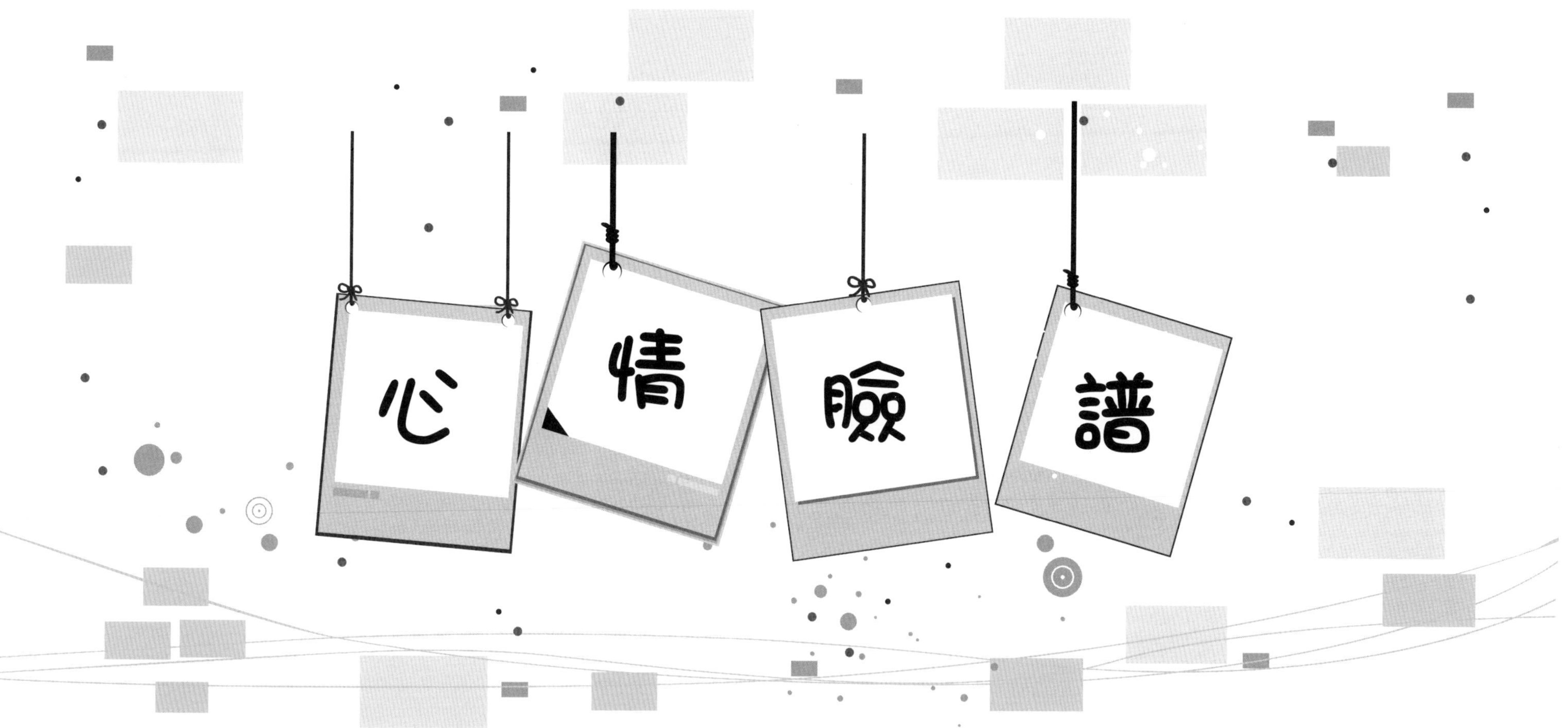
心情臉譜

心情臉譜

範例

今天是　月　日

甜蜜

解釋：味道很甜美，比喻幸福美滿。

爸媽抱住我的時候，我覺得很【甜蜜】。

【甜蜜】的感覺，就像心裡流淌著蜂蜜那樣甜滋滋的。

※請根據右邊的文字描述，畫出【甜蜜】的表情

心情臉譜
1

今天是　月　日

平靜

解釋：安定祥和。

晚上一個人在房間裡聽音樂，我覺得很【平靜】。

【平靜】的感覺，就像沒有風吹動的湖面。

※請根據右邊的文字描述，畫出【平靜】的表情

心情臉譜 2

今天是 月 日

放鬆

解釋：紓解、放開、解開。

跟著家人外出旅遊、看表演，讓我覺得很【放鬆】。

【放鬆】的感覺，就像全身毛孔都舒展開來那樣舒服。

※請根據右邊的文字描述，畫出【放鬆】的表情

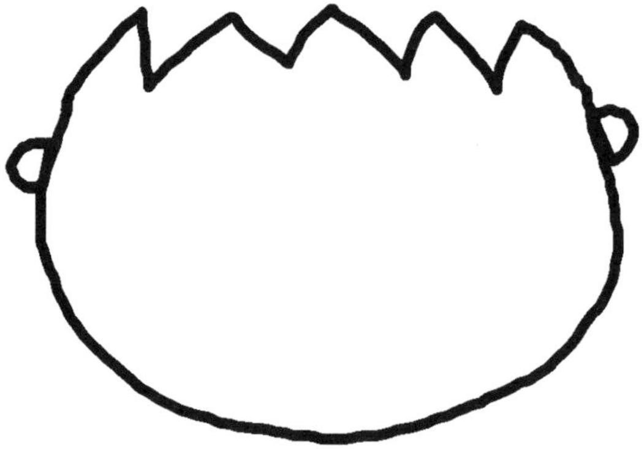

今天是　　月　　日

舒服

解釋：舒適、不難受的。

在炎熱的夏天裡吃一碗刨冰，讓我覺得很【舒服】。

【舒服】的感覺，就像放鬆的躺在雲朵上一般。

※請根據右邊的文字描述，畫出【舒服】的表情

心情臉譜 4

今天是　月　日

自在

解釋：自任己意而毫無阻礙。

跟好朋友聊天，想說什麼就說什麼，讓我覺得很【自在】。

【自在】的感覺，就像天上的鳥兒，沒有限制的在天空中翱翔。

※請根據右邊的文字描述，畫出【自在】的表情

心情臉譜
5

今天是　月　日

輕鬆

解釋：輕快舒適。

因為有充分的準備，讓我覺得這次的考試很【輕鬆】。

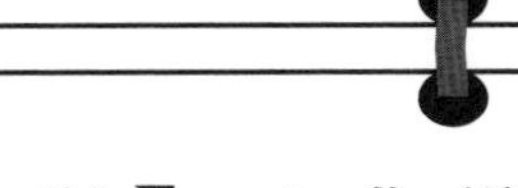

【輕鬆】的感覺，就是很快可以做完一件事。

※請根據右邊的文字描述，畫出【輕鬆】的表情

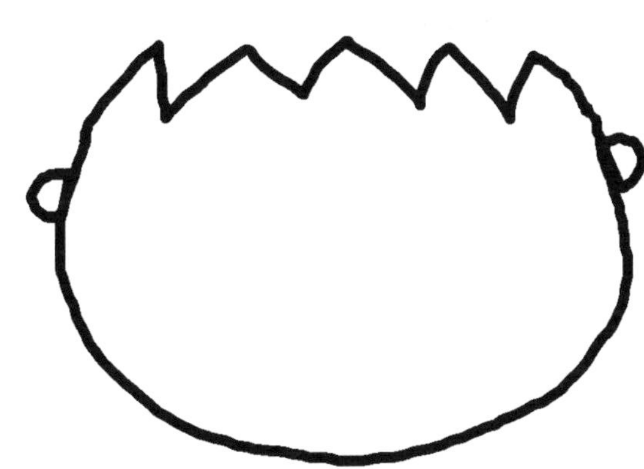

心情臉譜 6

貼心

解釋：最親密、最知己。

爸爸下班回家後，都會幫媽媽按摩肩膀，讓我覺得爸爸很【貼心】。

【貼心】的感覺，就是能適時的看到別人的需要，而做各種事。

今天是　月　日

※請根據右邊的文字描述，畫出【貼心】的表情

今天是 月 日

溫馨

解釋：親切溫暖。

大家一起圍爐吃年夜飯，讓我覺得很【溫馨】。

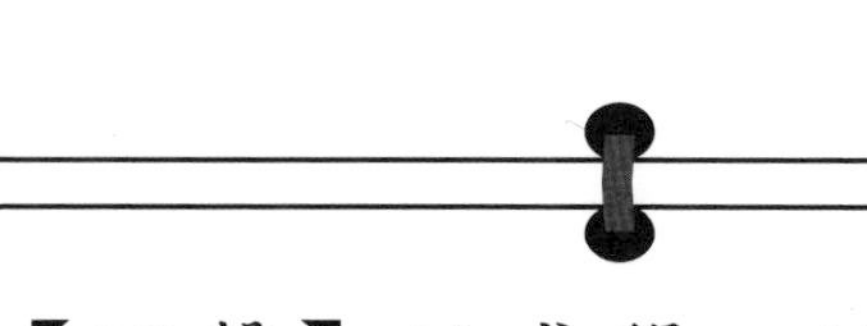

【溫馨】的感覺，就像家是我們溫暖的港灣，隨時都能有依靠。

※請根據右邊的文字描述，畫出【溫馨】的表情

心情臉譜 8

今天是　月　日

甜蜜

解釋：味道很甜美，比喻幸福美滿。

爸媽抱住我的時候，我覺得很【甜蜜】。

【甜蜜】的感覺，就像心裡流淌著蜂蜜那樣甜滋滋的。

※請根據右邊的文字描述，畫出【甜蜜】的表情

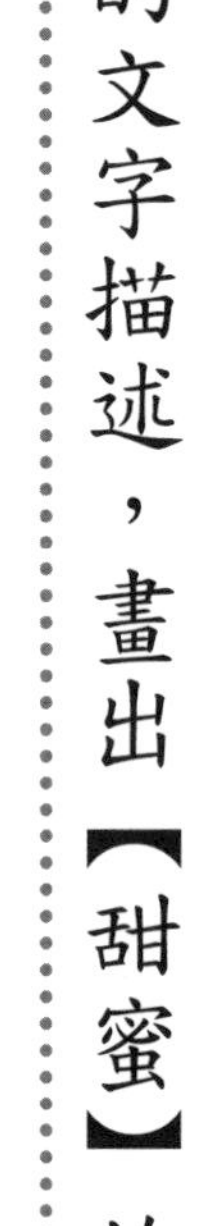

心情臉譜 9

今天是　月　日

幸福

解釋：平安吉祥，順遂圓滿。

能全家人一起出國旅遊，讓我覺得很【幸福】。

【幸福】的感覺，就是全家人一起吃晚飯。

※請根據右邊的文字描述，畫出【幸福】的表情

今天是　月　日

感動

解釋：觸動。

看到無國界醫生搶救他人的英勇行為，讓我覺得很【感動】。

【感動】的感覺，就是看著每個人都認真做著自己的事。

※請根據右邊的文字描述，畫出【感動】的表情

心情臉譜
11

今天是 月 日

期待

解釋：期望、等待。

當我準備要拆開新年禮物時，我覺得很【期待】。

【期待】的感覺，就像是內心滿滿期望著好事快點來到，想把時間快轉。

※請根據右邊的文字描述，畫出【期待】的表情

心情臉譜
12

今天是 月 日

放心

解釋：安心，不擔憂，沒有掛念的人事物。

在颱風天裡，看到爸爸平安的回到家裡，讓我覺得很【放心】。

【放心】的感覺，就像是小嬰兒能在媽媽的懷裡，安穩的睡著。

※請根據右邊的文字描述，畫出【放心】的表情

心情臉譜 13

今天是 月 日

滿意

解釋：符合心意。

比賽得到好的成績，讓我覺得很【滿意】。

【滿意】的感覺，就像是完成了一件了不起的大事，讓愉快的情緒從心底滿了出來。

※請根據右邊的文字描述，畫出【滿意】的表情

心情臉譜

14

今天是　　月　　日

得意

解釋：稱心如意或引以自豪。

我們班的大隊接力得到第一名，讓我覺得很【得意】。

【得意】的感覺，就是能在對的時間做對的決定。

※請根據右邊的文字描述，畫出【得意】的表情

今天是　月　日

幸運

解釋：好的運氣。

我們的彩券中獎了，讓我覺得很【幸運】。

【幸運】的感覺，就像是原本沒有預料到，但突然美夢成真。

※請根據右邊的文字描述，畫出【幸運】的表情

今天是　月　日

慶幸

解釋：感到欣喜安慰。

大地震過後，大家都平安無事，讓我覺得很【慶幸】。

【慶幸】的感覺，就像是幸運的躲過原本會發生的不幸事件。

※請根據右邊的文字描述，畫出【慶幸】的表情

心情臉譜
17

今天是　月　日

感激

解釋：真心感謝。

天氣很冷時，朋友送了一杯熱可可給我，讓我覺得很【感激】。

【感激】的感覺，就像擔心乾旱的農夫適時遇到一場大雨。

※請根據右邊的文字描述，畫出【感激】的表情

心情臉譜 18

渴望

解釋：非常希望、盼望。

考試過後，我非常【渴望】能好好睡一覺。

【渴望】的感覺，就像小孩子很想要趕快長大的心情。

今天是　月　日

※請根據右邊的文字描述，畫出【渴望】的表情

今天是　月　日

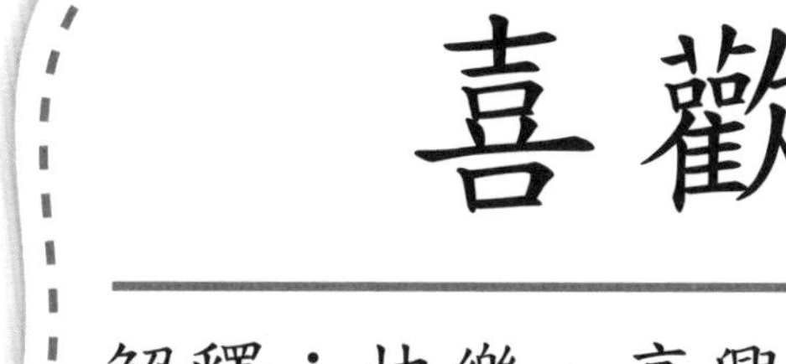

喜歡

解釋：快樂、高興。

我很【喜歡】跟朋友一起到電影院裡看電影。

【喜歡】的感覺，就像小草得到雨水的滋潤。

※請根據右邊的文字描述，畫出【喜歡】的表情

心情臉譜 20

高興

解釋：歡喜、愉快。

弟弟吃到期待已久的冰淇淋，讓他感到很【高興】。

【高興】的感覺，就像小狗看到主人回家。

今天是　月　日

※請根據右邊的文字描述，畫出【高興】的表情

今天是　月　日

快樂

解釋：愉悅喜樂。

聽到別人稱讚我，我覺得很【快樂】。

【快樂】的感覺，就像心裡有隻鳥兒自由的飛來飛去。

※請根據右邊的文字描述，畫出【快樂】的表情

心情臉譜 22

痛快

解釋：心情舒暢。

一口氣喝完一整瓶冰礦泉水，我覺得很【痛快】。

【痛快】的感覺，就是一下子把作業寫完。

今天是　　月　　日

※請根據右邊的文字描述，畫出【痛快】的表情

心情臉譜
23

欣喜若狂

解釋：形容快樂、高興到了極點。

準備許久的作品獲得了第一名，讓我感到【欣喜若狂】。

【欣喜若狂】的感覺，就像高興到了極點，看起來像發狂一樣。

今天是　月　日

※請根據右邊的文字描述，畫出【欣喜若狂】的表情

心情臉譜 24

今天是　月　日

驚訝

解釋：驚奇訝異。

在路上看到身高超過200公分的人，我會覺得很【驚訝】。

【驚訝】的感覺，就像七個小矮人回到家，卻看到白雪公主。

※請根據右邊的文字描述，畫出【驚訝】的表情

心情臉譜

25

今天是　月　日

驚喜

解釋：驚奇歡喜。

抽獎抽到我最喜歡的東西，我覺得很【驚喜】。

【驚喜】的感覺，就像我聽到爸媽要帶我去迪士尼樂園玩。

※請根據右邊的文字描述，畫出【驚喜】的表情

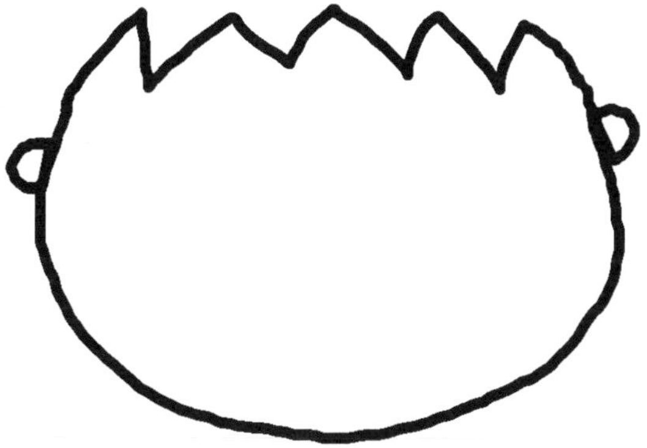

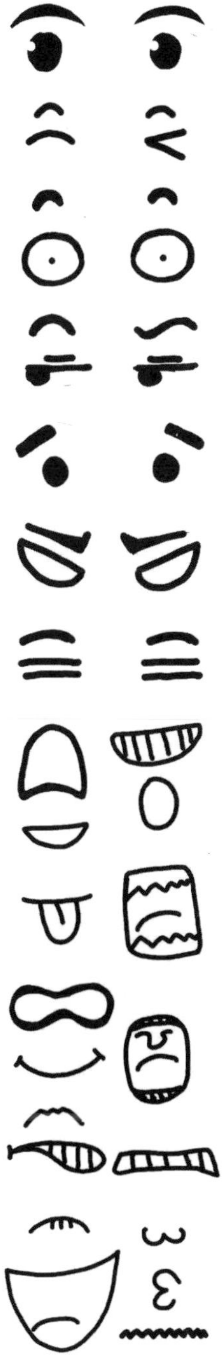

心情臉譜 26

今天是　月　日

震驚

解釋：大吃一驚。

突然看到偶像明星經過我面前，讓我覺得很【震驚】。

【震驚】的感覺，就像聽到剛去過的地方發生了大地震。

※請根據右邊的文字描述，畫出【震驚】的表情

羨慕

解釋：心中因愛慕而嚮往。

肚子餓時，看見別人拿著美味食物，我覺得很【羨慕】。

【羨慕】的感覺，就像籠中的鳥兒看著戶外自由自在飛翔的鳥兒。

今天是　月　日

※請根據右邊的文字描述，畫出【羨慕】的表情

今天是　月　日

有趣

解釋：有趣味，能引起好奇或歡樂。

在網路上看到搞笑的影片，我感覺很【有趣】。

【有趣】的感覺，就像妹妹每天津津有味的聽床邊故事。

※請根據右邊的文字描述，畫出【有趣】的表情

心情臉譜 29

今天是　月　日

解釋：懷疑、不明白。

看魔術表演卻找不出關鍵所在，讓我覺得很【疑惑】。

【疑惑】的感覺，就像身處於迷宮之中，不知要選哪一條路。

※請根據右邊的文字描述，畫出【疑惑】的表情

心情臉譜
30

今天是　月　日

刺激

解釋：使人意識狀態變化或精神亢奮。

玩高空彈跳，體驗墜落的感覺，我覺得很【刺激】。

【刺激】的感覺，就像站在浪頭上衝浪。

※請根據右邊的文字描述，畫出【刺激】的表情

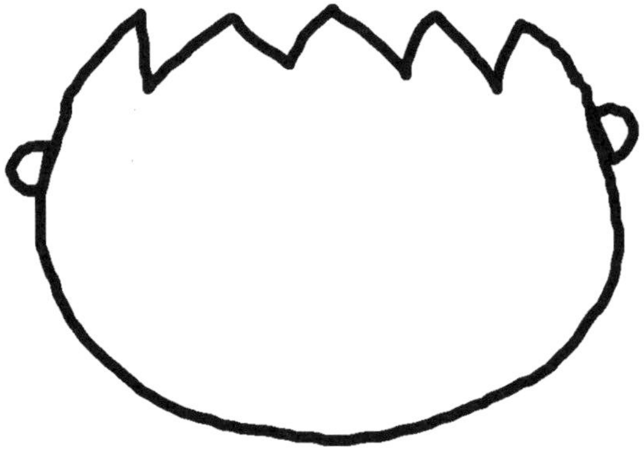

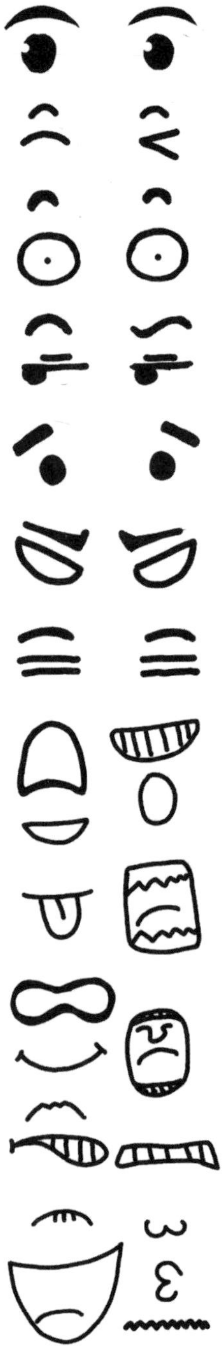

今天是　月　日

不安

解釋：身心的不平靜或不舒適。

做虧心事的時候，我覺得很【不安】。

【不安】的感覺，就像芒刺扎在背上。

※請根據右邊的文字描述，畫出【不安】的表情

※請根據右邊的文字描述，畫出【害怕】的表情

心情臉譜 32

害怕

解釋：心中感到恐懼不安。

看牙醫的時候，我覺得很【害怕】。

【害怕】的感覺，就像不斷充氣的氣球，隨時要爆炸。

今天是　　月　　日

心情臉譜 33

恐懼

解釋：惶恐、害怕。

看驚悚片的時候，我覺得很【恐懼】。

【恐懼】的感覺，就像被蜘蛛網抓到的蟲子，只能等待死亡。

今天是　月　日

※請根據右邊的文字描述，畫出【恐懼】的表情

心情臉譜

34

今天是　月　日

緊張

解釋：精神緊繃或情緒惶恐不安。

比賽進入延長賽，讓我覺得很【緊張】。

【緊張】的感覺，就像大象在冰河上行走。

※請根據右邊的文字描述，畫出【緊張】的表情

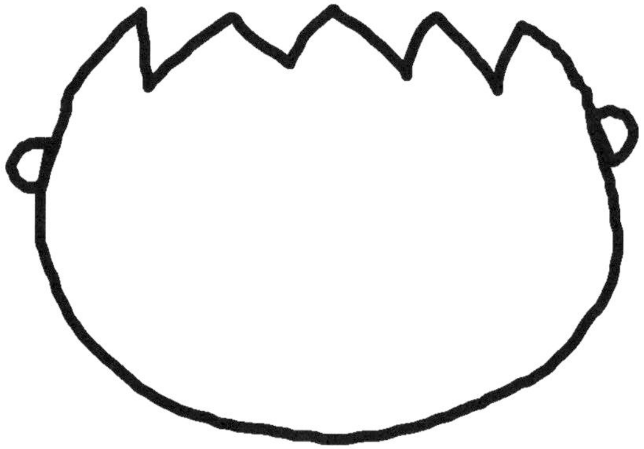

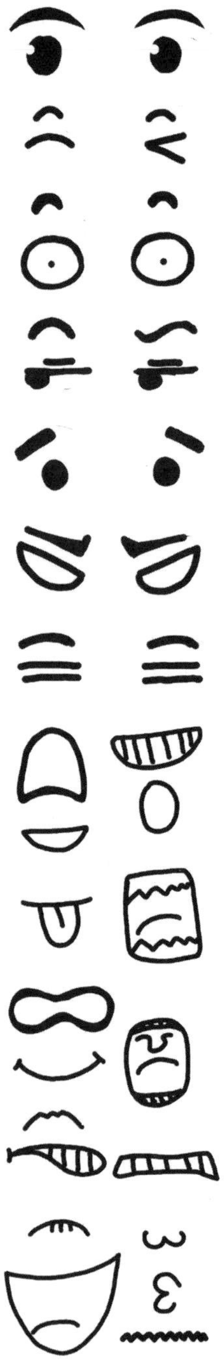

心情臉譜 35

今天是　月　日

擔心

解釋：掛念、不放心。

颱風天去學校上課，讓我覺得很【擔心】。

【擔心】的感覺，就像手上拿著一顆不定時炸彈。

※請根據右邊的文字描述，畫出【擔心】的表情

心情臉譜
36

今天是　月　日

煩惱

解釋：情緒煩悶而不快活。

挑禮物的時候，我覺得很【煩惱】。

【煩惱】的感覺，就像打了結的毛線球，怎麼解也解不開。

※請根據右邊的文字描述，畫出【煩惱】的表情

心情臉譜
37

今天是　月　日

著急

解釋：焦慮、急躁。

遺失重要文件的時候，我覺得很【著急】。

【著急】的感覺，就像熱鍋上的螞蟻。

※請根據右邊的文字描述，畫出【著急】的表情

焦慮

解釋：由緊張、不安、焦急、憂慮、擔心、恐懼等感受交織而成的複雜情緒狀態。

今天是　月　日

即將上臺面對眾人演講，我覺得很【焦慮】。

【焦慮】的感覺，就像關在籠子裡一直轉圈圈的獅子。

※請根據右邊的文字描述，畫出【焦慮】的表情

心情臉譜 39

今天是　月　日

難過

解釋：傷心、難受。

親人過世的時候，我覺得很【難過】。

【難過】的感覺，就像丟掉了重要東西再也找不回來。

※請根據右邊的文字描述，畫出【難過】的表情

心情臉譜 40

無奈

解釋：無可奈何、沒有辦法。

倉促中做出非自願的決定，我覺得很【無奈】。

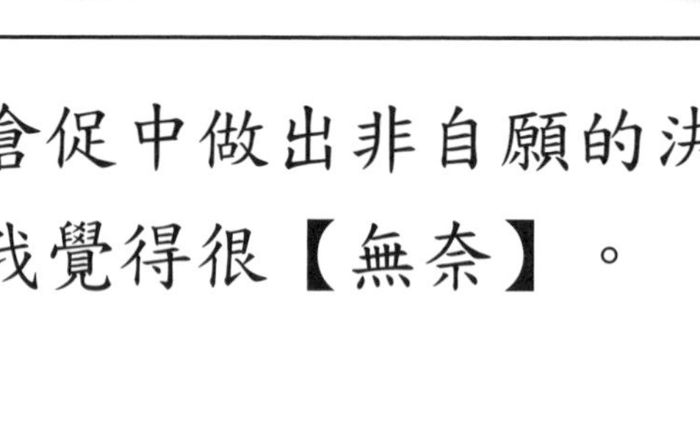

【無奈】的感覺，就像總是跟有把握做到的事擦身而過。

今天是　　月　　日

※請根據右邊的文字描述，畫出【無奈】的表情

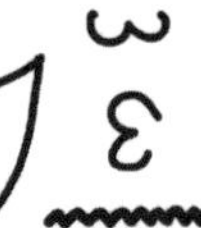

心情臉譜 41

今天是　　月　　日

無助

解釋：孤單無援。

遇到困難找不到人幫忙，我覺得很【無助】。

【無助】的感覺，就像待在無人島上，不知向誰求救。

※請根據右邊的文字描述，畫出【無助】的表情

今天是　月　日

失望

解釋：希望落空、心裡難過。

家庭出遊因下雨而取消，我覺得很【失望】。

【失望】的感覺，就像失去動力的飛機，一路從高空中墜落。

※請根據右邊的文字描述，畫出【失望】的表情

今天是　　月　　日

沮喪

解釋：情緒低落、灰心喪志。

得知沒有得獎，我覺得很【沮喪】。

【沮喪】的感覺，就像處在黑暗的狹小空間裡。

※請根據右邊的文字描述，畫出【沮喪】的表情

心情臉譜 44

今天是　月　日

害羞

解釋：不好意思、難為情。

媽媽在鄰居面前稱讚我，我覺得很【害羞】。

【害羞】的感覺，就像收攏葉子的含羞草。

※請根據右邊的文字描述，畫出【害羞】的表情

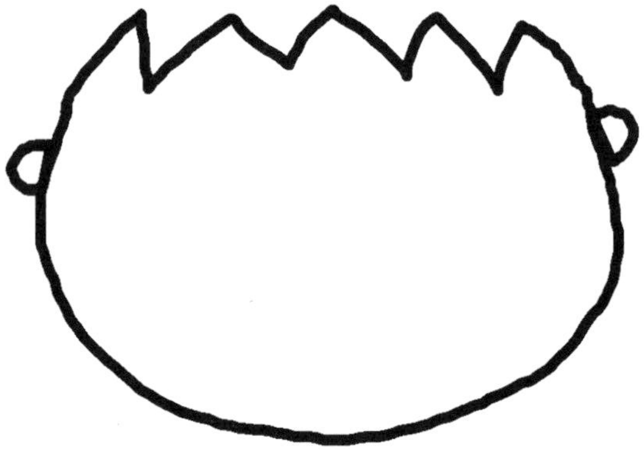

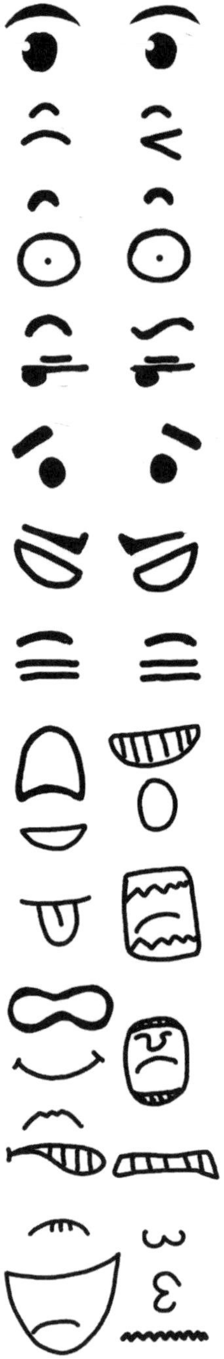

尷尬

解釋：處境困窘或事情棘手，難以應付。

在正式場合說錯話，我覺得很【尷尬】。

【尷尬】的感覺，就像「國王的新衣」裡的國王，最後發現自己沒有穿衣服。

今天是　月　日

※請根據右邊的文字描述，畫出【尷尬】的表情

今天是 月 日

自卑

解釋：心理上自覺比不上別人，而看輕自己。

賽跑常常跑最後一名，我覺得很【自卑】。

【自卑】的感覺，就像醜小鴨小時候覺得自己和大家都不一樣。

※請根據右邊的文字描述，畫出【自卑】的表情

今天是　月　日

可惜

解釋：令人惋惜。

我最愛的冰淇淋還沒吃完，卻掉到地上，我覺得很【可惜】。

【可惜】的感覺，就像煮熟的鴨子飛了。

※請根據右邊的文字描述，畫出【可惜】的表情

心情臉譜 48

今天是 月 日

慚愧

解釋：丟臉、沒有面子、感到羞愧。

偷改考卷的分數，卻被老師發現，我覺得很【慚愧】。

【慚愧】的感覺，就像小木偶被老爺爺發現他說謊。

※請根據右邊的文字描述，畫出【慚愧】的表情

今天是　月　日

後悔

解釋：反悔，事後懊悔當初的不應該。

誤會好友偷了我最心愛的自動鉛筆，我覺得很【後悔】。

【後悔】的感覺，就像揠苗助長的農夫發現秧苗死掉了。

※請根據右邊的文字描述，畫出【後悔】的表情

委屈

解釋：因遭受不合理的待遇，而感到難過。

同學誤會我弄壞了他的美勞作品，我覺得很【委屈】。

【委屈】的感覺，就像啞巴吃黃蓮，有苦說不出。

今天是　　月　　日

※請根據右邊的文字描述，畫出【委屈】的表情

疲倦

解釋：勞累困倦。

上了一整天的課，放學後又要去學才藝，讓我覺得很【疲倦】。

【疲倦】的感覺，就像跑完馬拉松的選手一樣，累到極點了。

今天是　月　日

※請根據右邊的文字描述，畫出【疲倦】的表情

心情臉譜 52

討厭

解釋：不喜歡、反感。

打球打得正開心時，上課鐘聲卻響了，讓我覺得很【討厭】。

【討厭】的感覺，就像蒼蠅飛來飛去，卻趕不走。

今天是 月 日

※請根據右邊的文字描述，畫出【討厭】的表情

心情臉譜 53

今天是　　月　　日

不滿

解釋：不滿意、不符合心意。

跟我同組搬餐桶的同學沒有搬，卻跑去打籃球，我覺得很【不滿】。

【不滿】的感覺，就像球員跟裁判爭執判決結果。

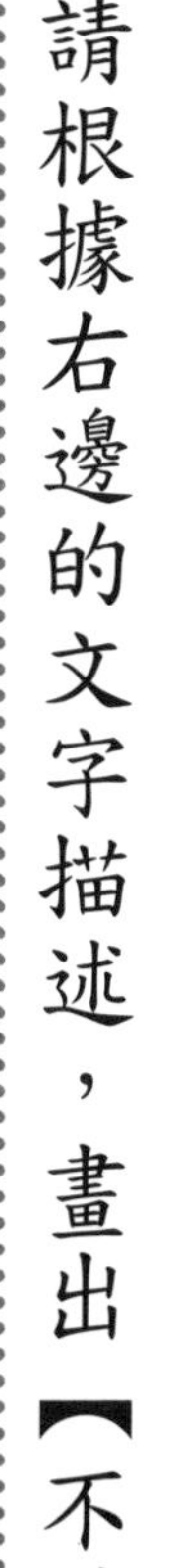
※請根據右邊的文字描述，畫出【不滿】的表情

生氣

解釋：發怒。

別人沒有經過我的同意，就拿走我的物品，讓我覺得很【生氣】。

【生氣】的感覺，就像鬥牛被鬥牛士激怒。

今天是　月　日

※請根據右邊的文字描述，畫出【生氣】的表情

憤怒

解釋：非常生氣，發怒。

阿浩總是霸占著籃球場，讓我覺得很【憤怒】。

【憤怒】的感覺，就像火山爆發。

今天是　月　日

※請根據右邊的文字描述，畫出【憤怒】的表情

今天是　月　日

無聊

解釋：煩悶、精神空虛、沒有依賴寄託。

坐車到好遠的地方，但在車上卻不能玩電動，我覺得好【無聊】。

【無聊】的感覺，就像整天在地下道睡覺的流浪漢，無事可做。

※請根據右邊的文字描述，畫出【無聊】的表情

今天是　　月　　日

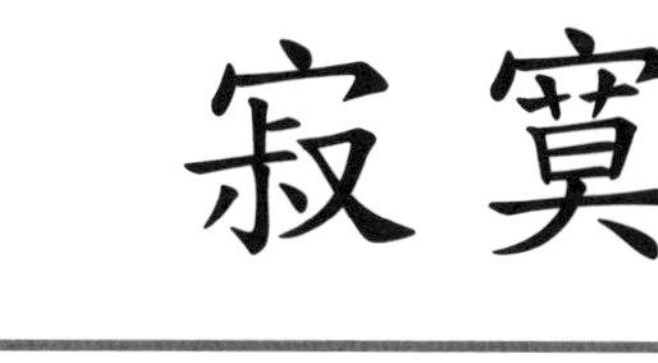

寂寞

解釋：孤單冷清。

同學下課都去打球，留下我一個人在教室，我覺得很【寂寞】。

【寂寞】的感覺，就像遇不到懂我的人。

※請根據右邊的文字描述，畫出【寂寞】的表情

今天是　月　日

心疼

解釋：憐惜、捨不得。

媽媽生病發燒了，讓我覺得很【心疼】。

【心疼】的感覺，就像媽媽看到我受傷了。

※請根據右邊的文字描述，畫出【心疼】的表情

今天是　　月　　日

可憐

解釋：令人憐憫、同情。

獨居老人沒有親友陪伴，讓我覺得很【可憐】。

【可憐】的感覺，就像沒有人照顧的流浪狗。

※請根據右邊的文字描述，畫出【可憐】的表情

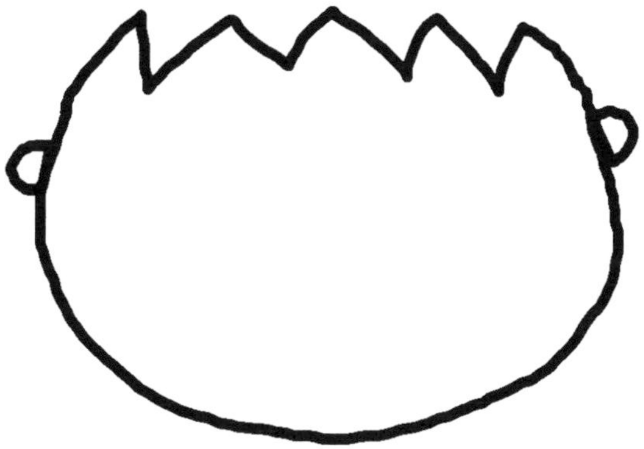

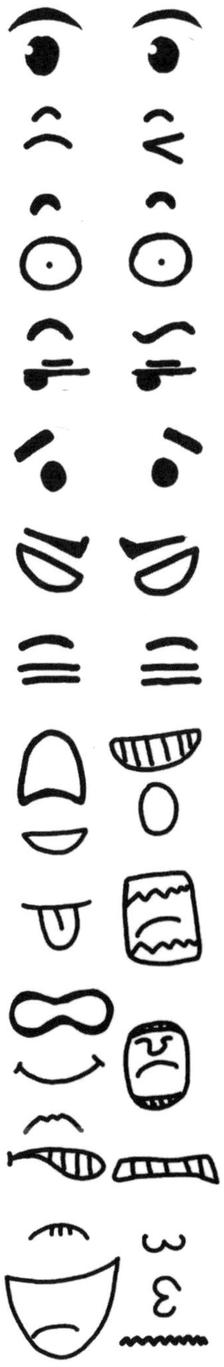

心情臉譜
60

嫉妒

解釋：因他人勝過自己而心生妒恨。

妹妹總是考第一名，我覺得很【嫉妒】。

【嫉妒】的感覺，就像白雪公主的後母看到她的美貌。

今天是　月　日

※請根據右邊的文字描述，畫出【嫉妒】的表情

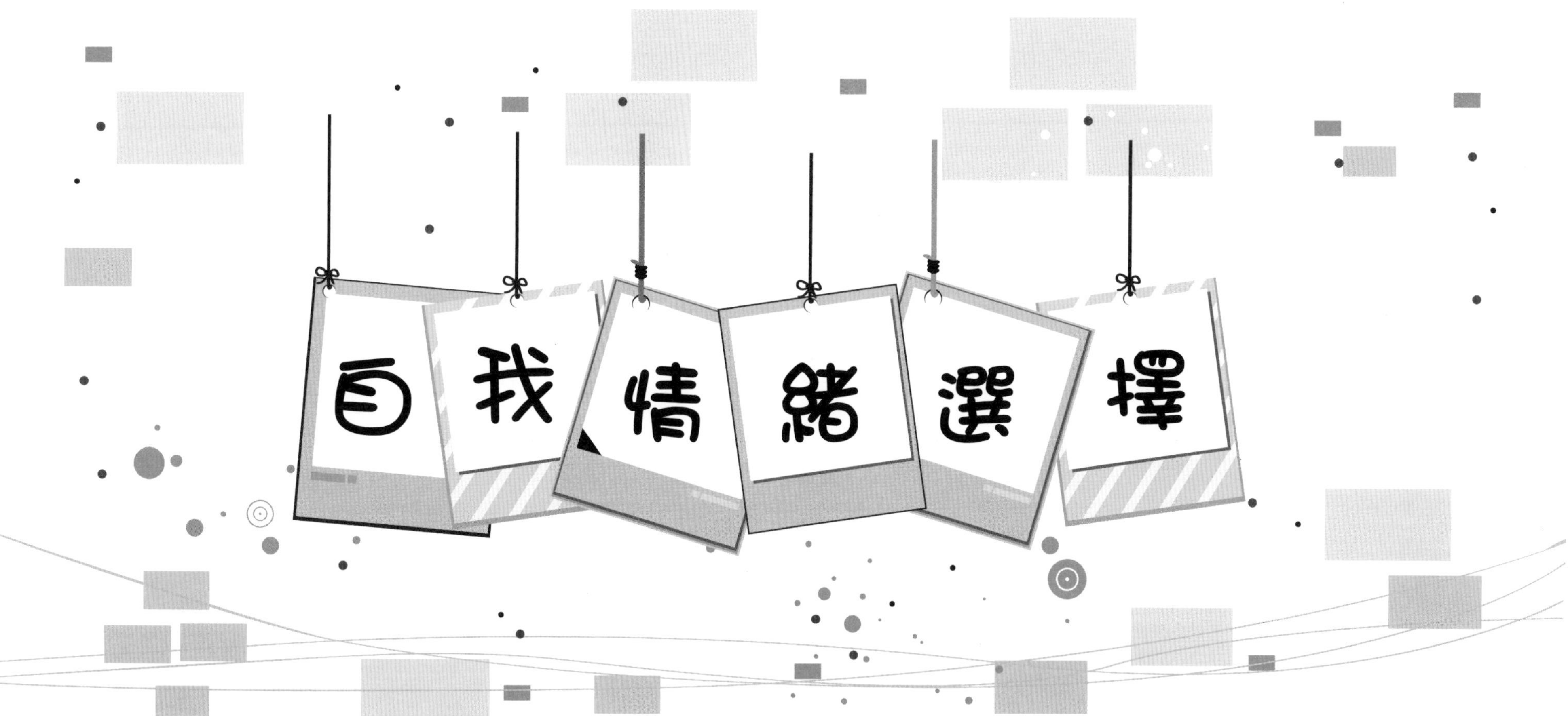
自我情緒選擇

自我情緒選擇
範例

今天是　　月　　日

※請根據情境寫出【情緒】，想出兩種方法之後，寫出結果，再根據結果寫出【情緒】。

當我的作品受到批評時……

我會覺得＿＿失落＿＿。

方法❶
私下去問批評者的意見。

結果❶
他可能會提出很好的建議。

我覺得＿＿雀躍＿＿。

方法❷
詢問其他人的意見。

結果❷
別人不見得會贊同他人的批評，也許有其他更好的想法。

我覺得＿＿平靜＿＿。

自我情緒選擇 1

今天是　月　日

※請根據情境寫出【情緒】，想出兩種方法之後，寫出結果，再根據結果寫出【情緒】。

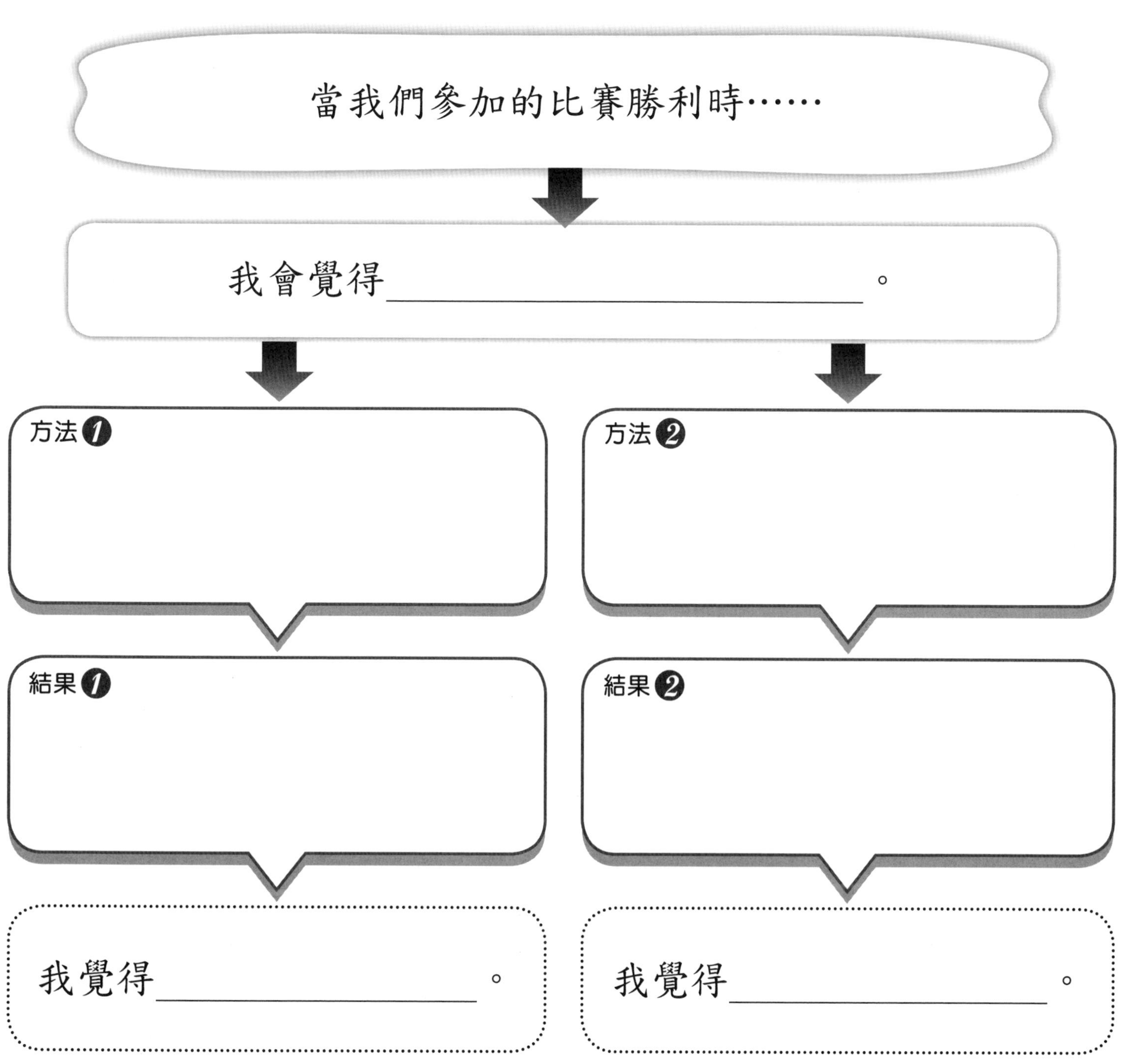

自我情緒選擇 2

今天是　月　日

※請根據情境寫出【情緒】，想出兩種方法之後，寫出結果，再根據結果寫出【情緒】。

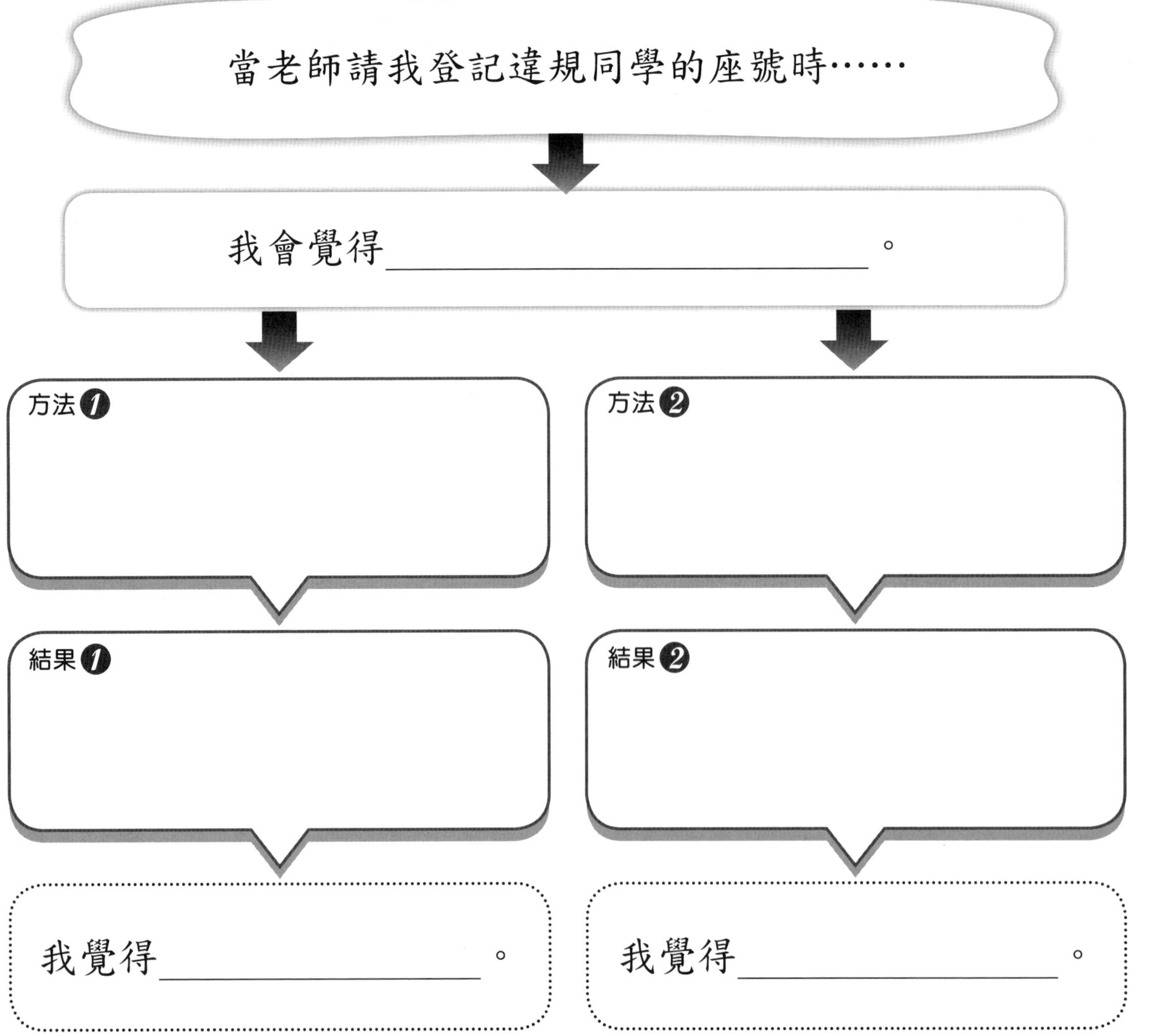

自我情緒選擇 3

今天是　月　日

※請根據情境寫出【情緒】，想出兩種方法之後，寫出結果，再根據結果寫出【情緒】。

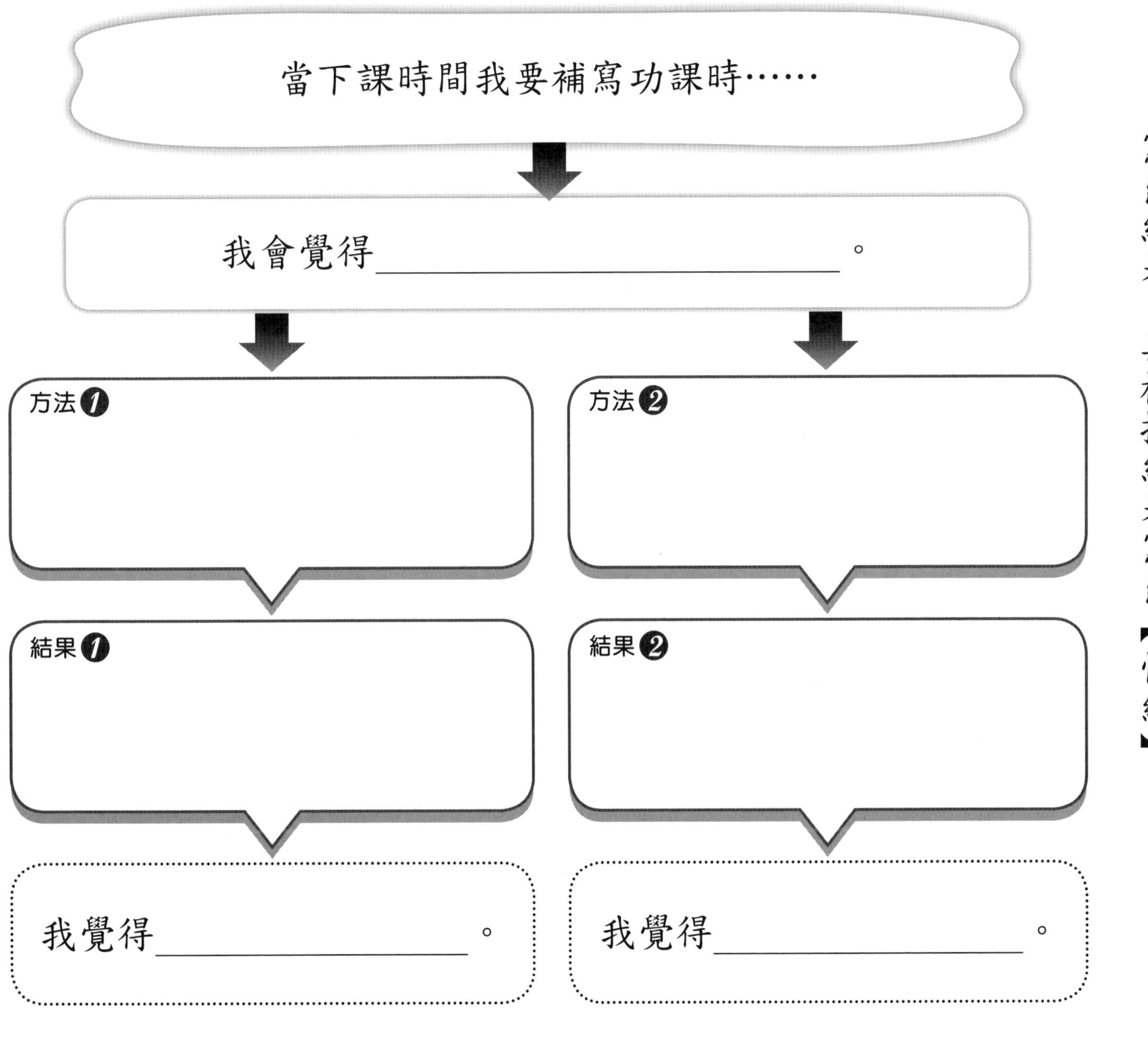

自我情緒選擇 4

今天是　　月　　日

※請根據情境寫出【情緒】，想出兩種方法之後，寫出結果，再根據結果寫出【情緒】。

當看到同學拿出我們的合照時……

我會覺得＿＿＿＿＿＿＿＿＿＿。

方法❶

結果❶

我覺得＿＿＿＿＿＿＿＿。

方法❷

結果❷

我覺得＿＿＿＿＿＿＿＿。

自我情緒選擇 5

今天是　　月　　日

※請根據情境寫出【情緒】，想出兩種方法之後，寫出結果，再根據結果寫出【情緒】。

當同學把我的東西弄丟時……

我會覺得＿＿＿＿＿＿＿＿＿＿＿＿＿。

方法❶

方法❷

結果❶

結果❷

我覺得＿＿＿＿＿＿＿＿＿＿。

我覺得＿＿＿＿＿＿＿＿＿＿。

自我情緒選擇 6

今天是　月　日

※請根據情境寫出【情緒】，想出兩種方法之後，寫出結果，再根據結果寫出【情緒】。

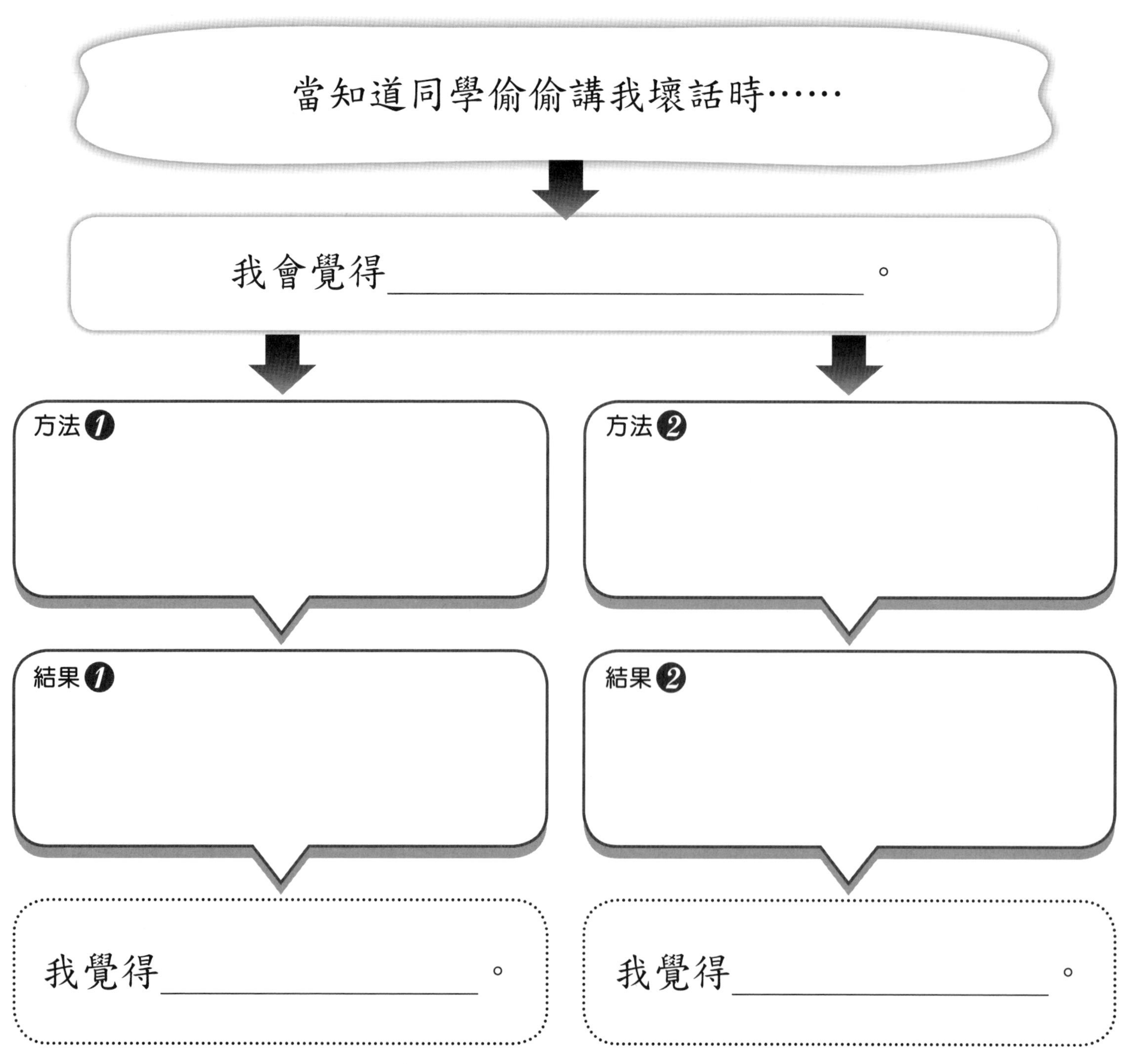

自我情緒選擇 7

今天是　　月　　日

※請根據情境寫出【情緒】，想出兩種方法之後，寫出結果，再根據結果寫出【情緒】。

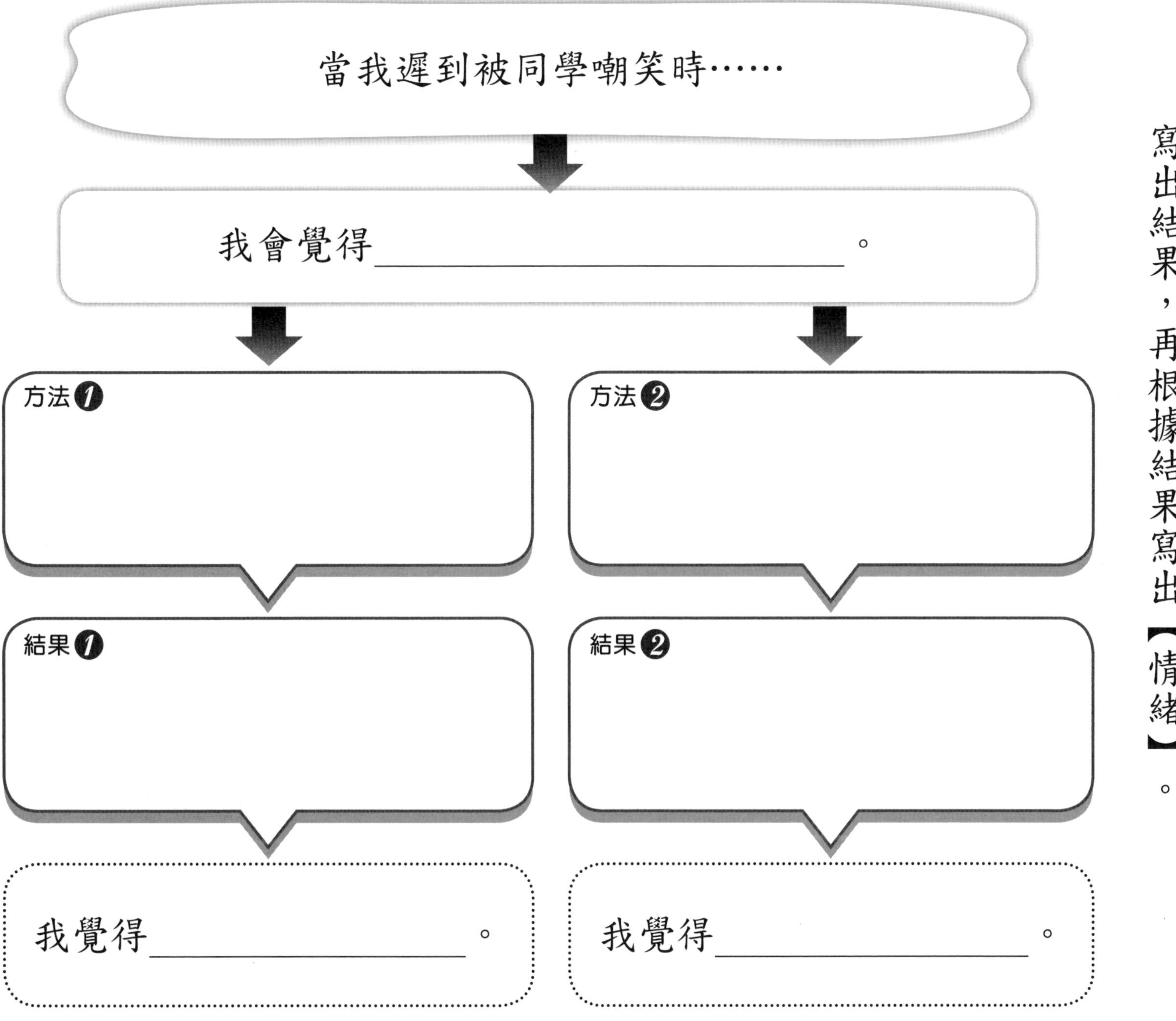

自我情緒選擇 8

今天是　月　日

※請根據情境寫出【情緒】，想出兩種方法之後，寫出結果，再根據結果寫出【情緒】。

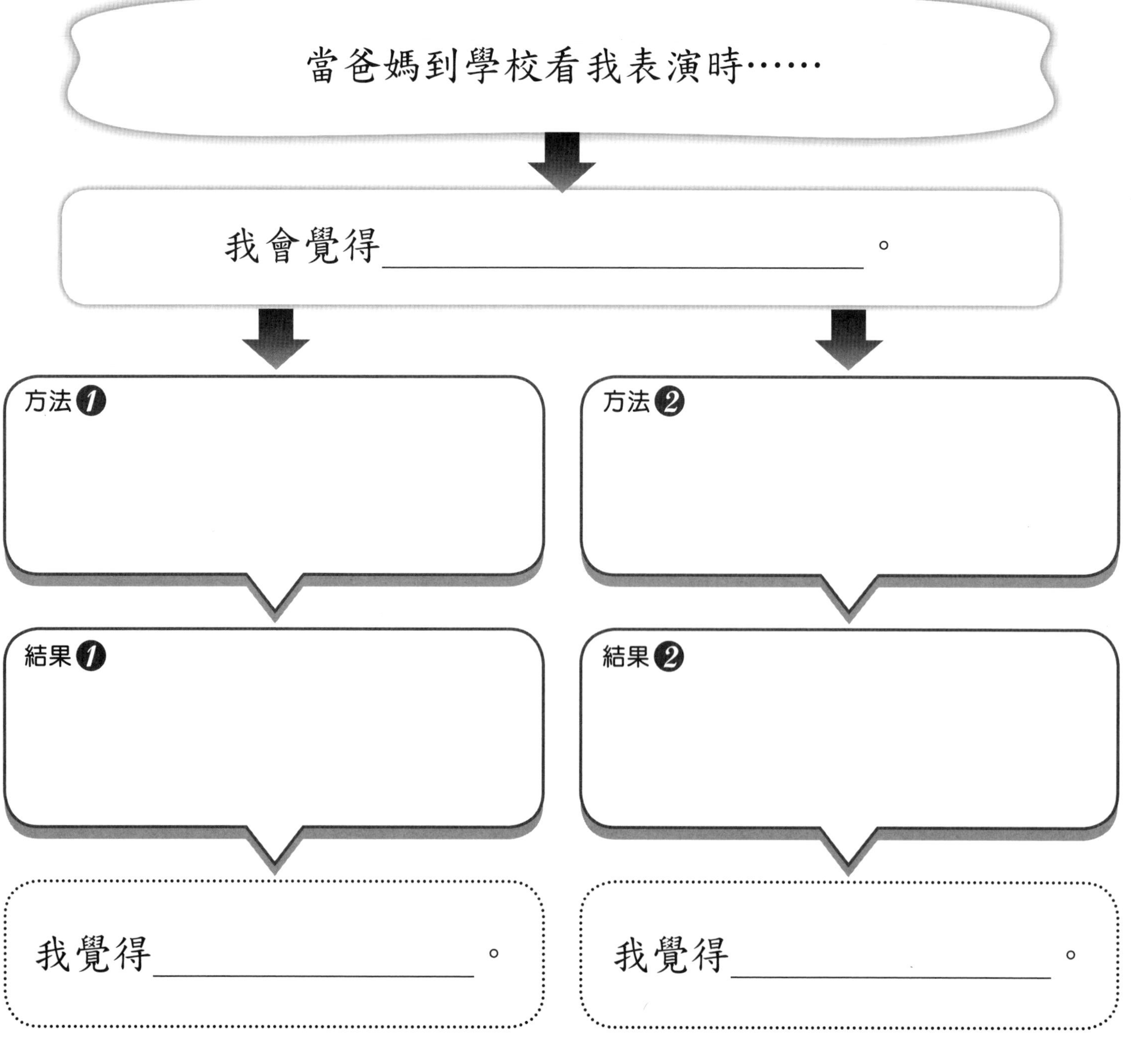

自我情緒選擇 9

今天是　　月　　日

※請根據情境寫出【情緒】，想出兩種方法之後，寫出結果，再根據結果寫出【情緒】。

當我的作業被別人弄壞時……

我會覺得＿＿＿＿＿＿＿＿＿＿＿＿。

方法❶

方法❷

結果❶

結果❷

我覺得＿＿＿＿＿＿＿＿＿。

我覺得＿＿＿＿＿＿＿＿＿。

自我情緒選擇 10

今天是　月　日

※請根據情境寫出【情緒】，想出兩種方法之後，寫出結果，再根據結果寫出【情緒】。

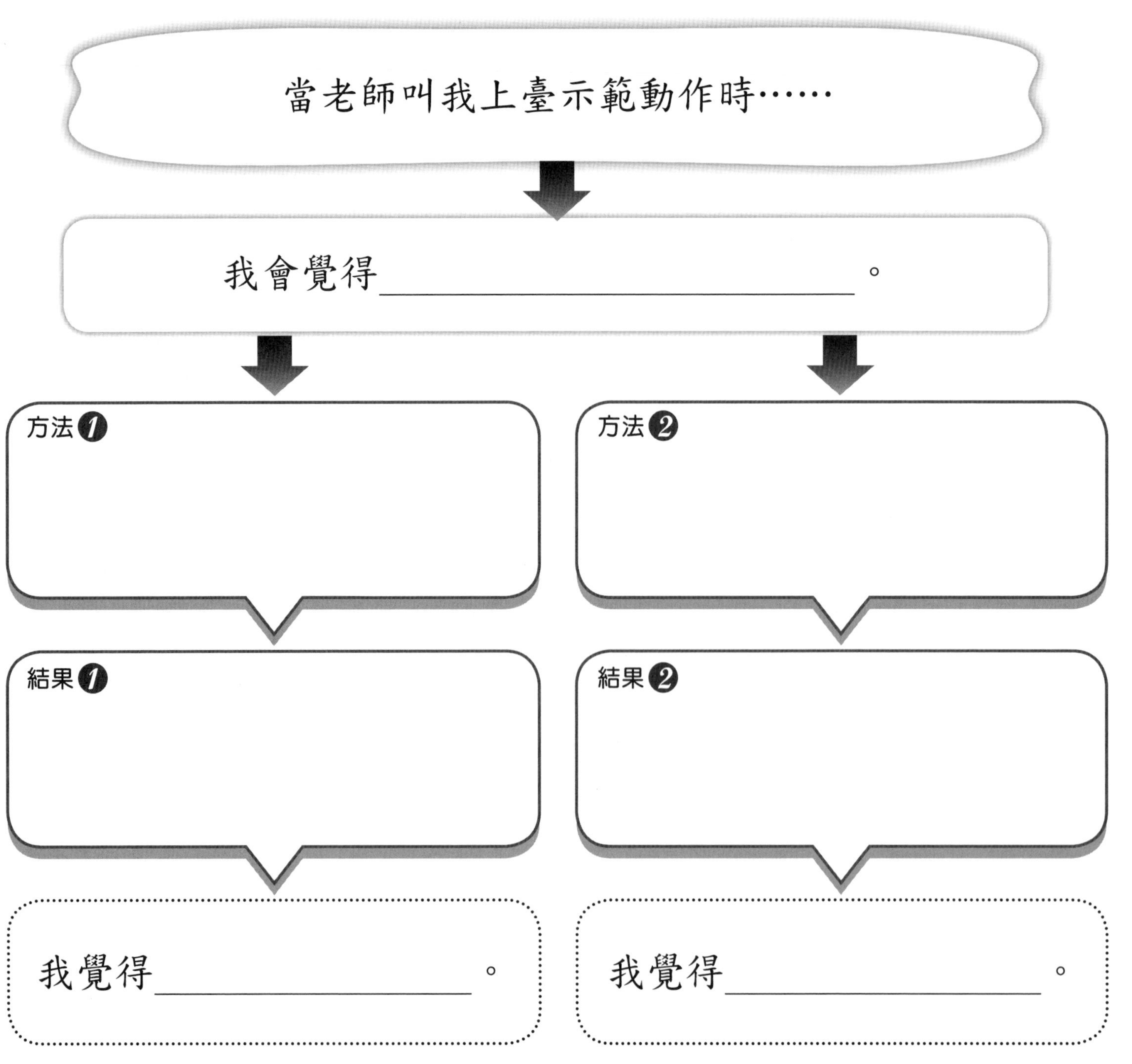

自我情緒選擇 11

今天是　　月　　日

※請根據情境寫出【情緒】，想出兩種方法之後，寫出結果，再根據結果寫出【情緒】。

當沒有人要跟我同一組時……

我會覺得＿＿＿＿＿＿＿＿＿＿。

方法❶

結果❶

我覺得＿＿＿＿＿＿＿＿。

方法❷

結果❷

我覺得＿＿＿＿＿＿＿＿。

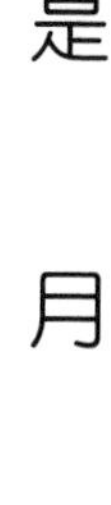

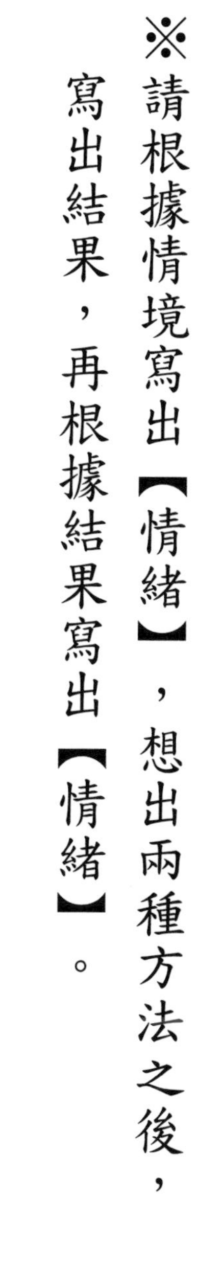

自我情緒選擇 12

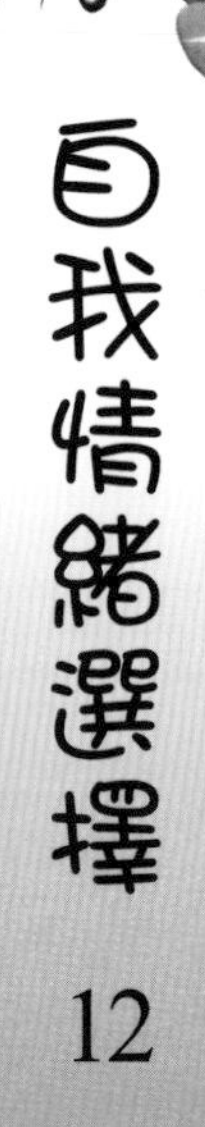

今天是 月 日

※請根據情境寫出【情緒】，想出兩種方法之後，寫出結果，再根據結果寫出【情緒】。

當頑皮的同學邀我一起玩時……

我會覺得＿＿＿＿＿＿＿＿＿＿＿＿＿。

方法❶

方法❷

結果❶

結果❷

我覺得＿＿＿＿＿＿＿＿＿＿。

我覺得＿＿＿＿＿＿＿＿＿＿。

自我情緒選擇 13

今天是　　月　　日

※請根據情境寫出【情緒】，想出兩種方法之後，寫出結果，再根據結果寫出【情緒】。

當同學上課一直發出怪聲時……

我會覺得＿＿＿＿＿＿＿＿＿＿＿＿＿。

方法❶

方法❷

結果❶

結果❷

我覺得＿＿＿＿＿＿＿＿＿＿。

我覺得＿＿＿＿＿＿＿＿＿＿。

自我情緒選擇 14

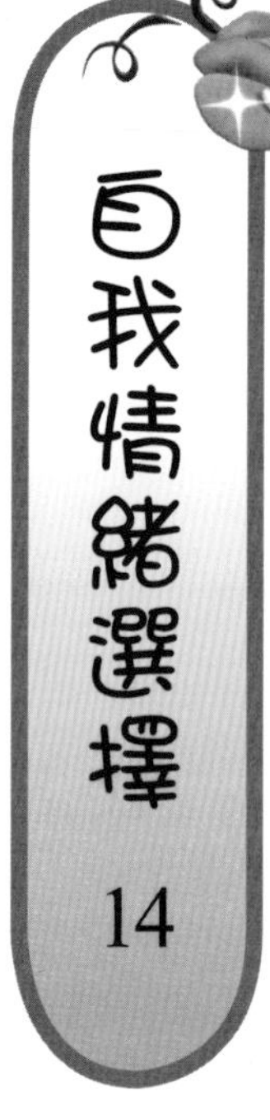

今天是　月　日

※請根據情境寫出【情緒】，想出兩種方法之後，寫出結果，再根據結果寫出【情緒】。

當上課中，突然發現沒帶規定的物品時……

我會覺得＿＿＿＿＿＿＿＿＿＿。

方法❶

結果❶

我覺得＿＿＿＿＿＿＿＿＿＿。

方法❷

結果❷

我覺得＿＿＿＿＿＿＿＿＿＿。

自我情緒選擇 15

今天是　　月　　日

※請根據情境寫出【情緒】，想出兩種方法之後，寫出結果，再根據結果寫出【情緒】。

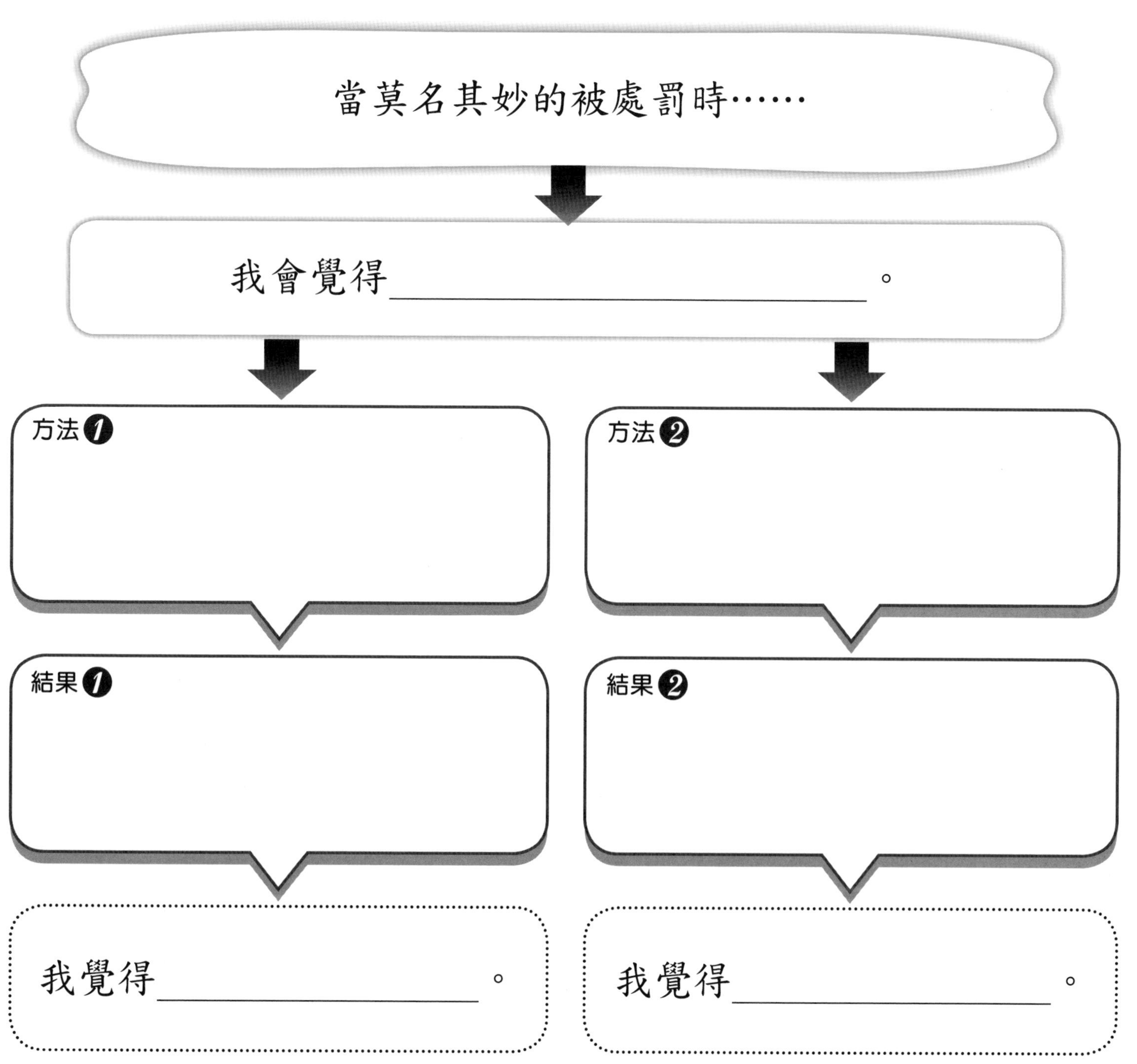

自我情緒選擇 16

今天是　　月　　日

※請根據情境寫出【情緒】，想出兩種方法之後，寫出結果，再根據結果寫出【情緒】。

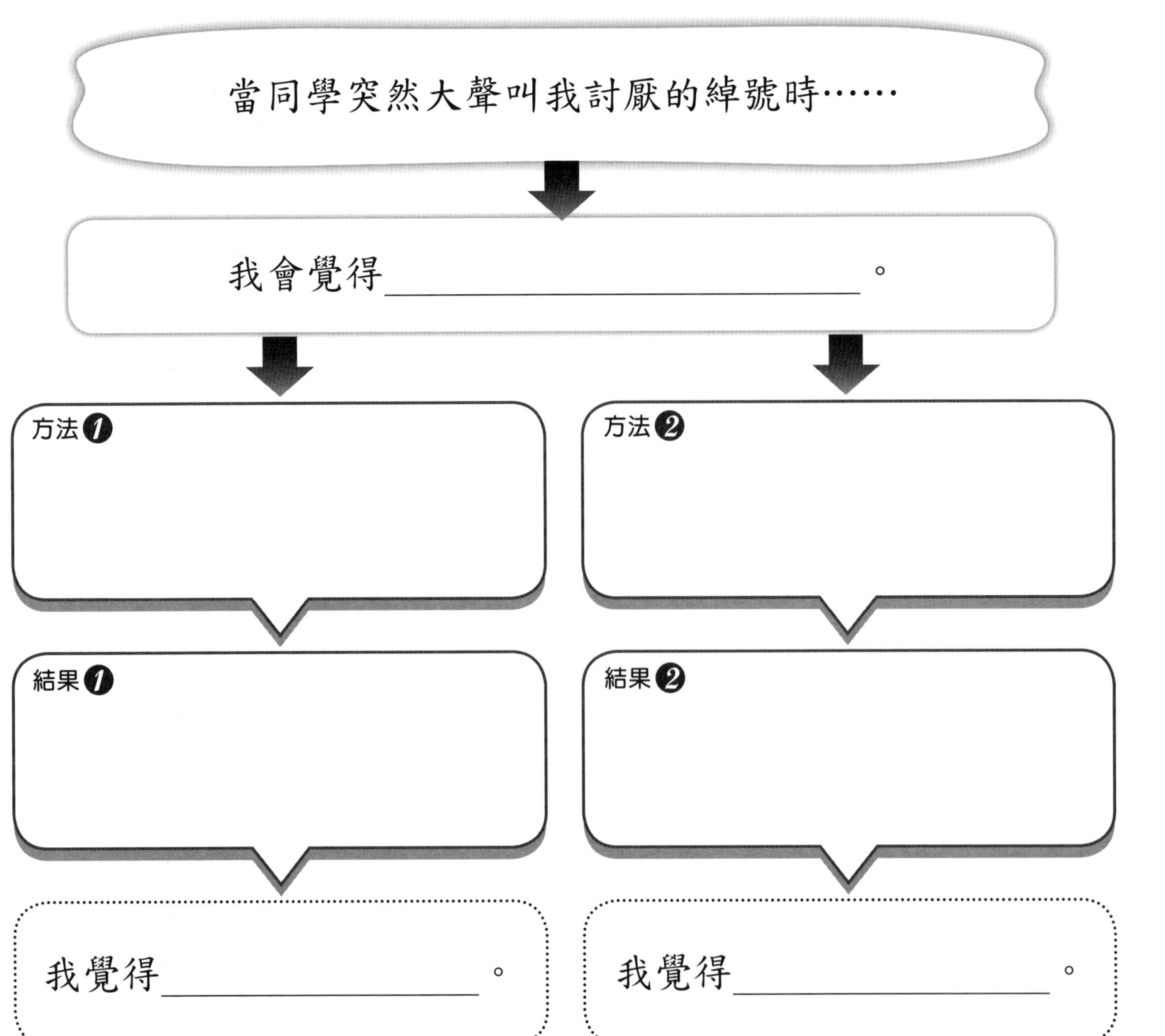

自我情緒選擇 17

今天是　月　日

※請根據情境寫出【情緒】，想出兩種方法之後，寫出結果，再根據結果寫出【情緒】。

當打掃時間，大家都不掃時……

我會覺得＿＿＿＿＿＿＿＿＿＿。

方法❶

結果❶

我覺得＿＿＿＿＿＿＿＿＿＿。

方法❷

結果❷

我覺得＿＿＿＿＿＿＿＿＿＿。

自我情緒選擇 18

今天是　　月　　日

※請根據情境寫出【情緒】，想出兩種方法之後，寫出結果，再根據結果寫出【情緒】。

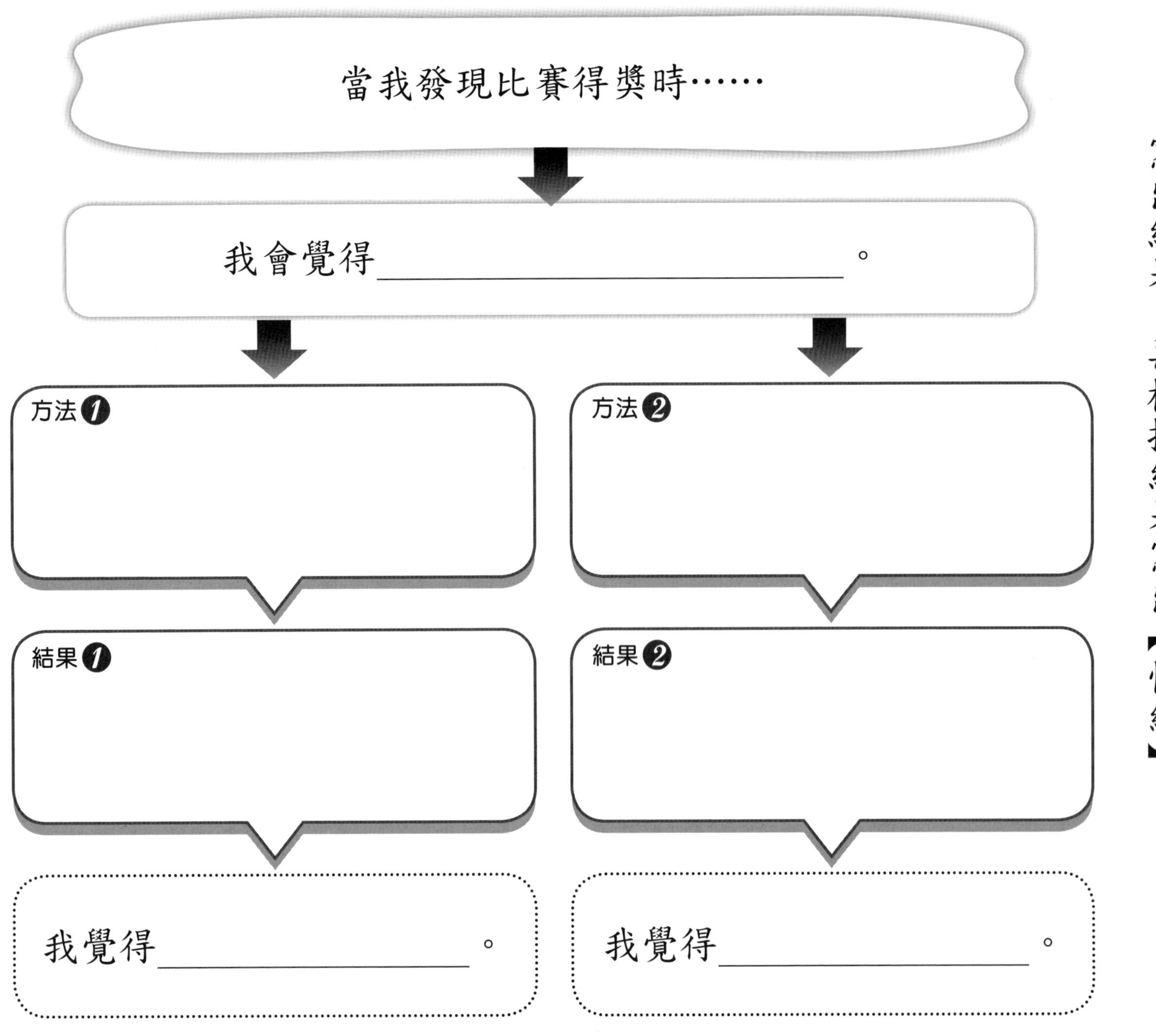

自我情緒選擇 19

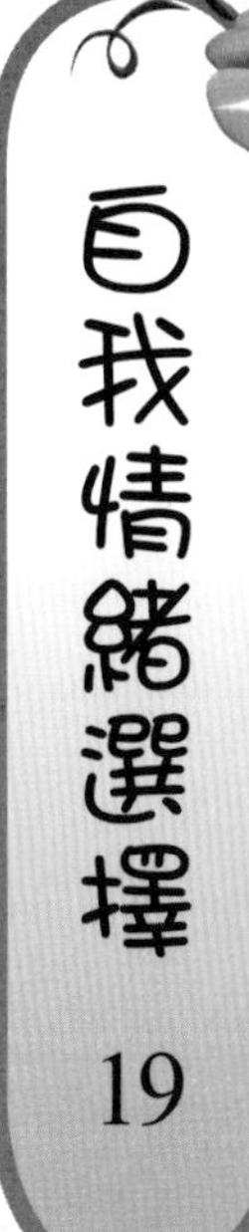

今天是 月 日

※請根據情境寫出【情緒】，想出兩種方法之後，寫出結果，再根據結果寫出【情緒】。

當到了學校之後，卻發現作業忘記帶時……

我會覺得＿＿＿＿＿＿＿＿＿＿＿＿＿。

方法❶	方法❷

結果❶	結果❷

我覺得＿＿＿＿＿＿＿＿＿＿。	我覺得＿＿＿＿＿＿＿＿＿＿。

自我情緒選擇 20

今天是　　月　　日

※請根據情境寫出【情緒】，想出兩種方法之後，寫出結果，再根據結果寫出【情緒】。

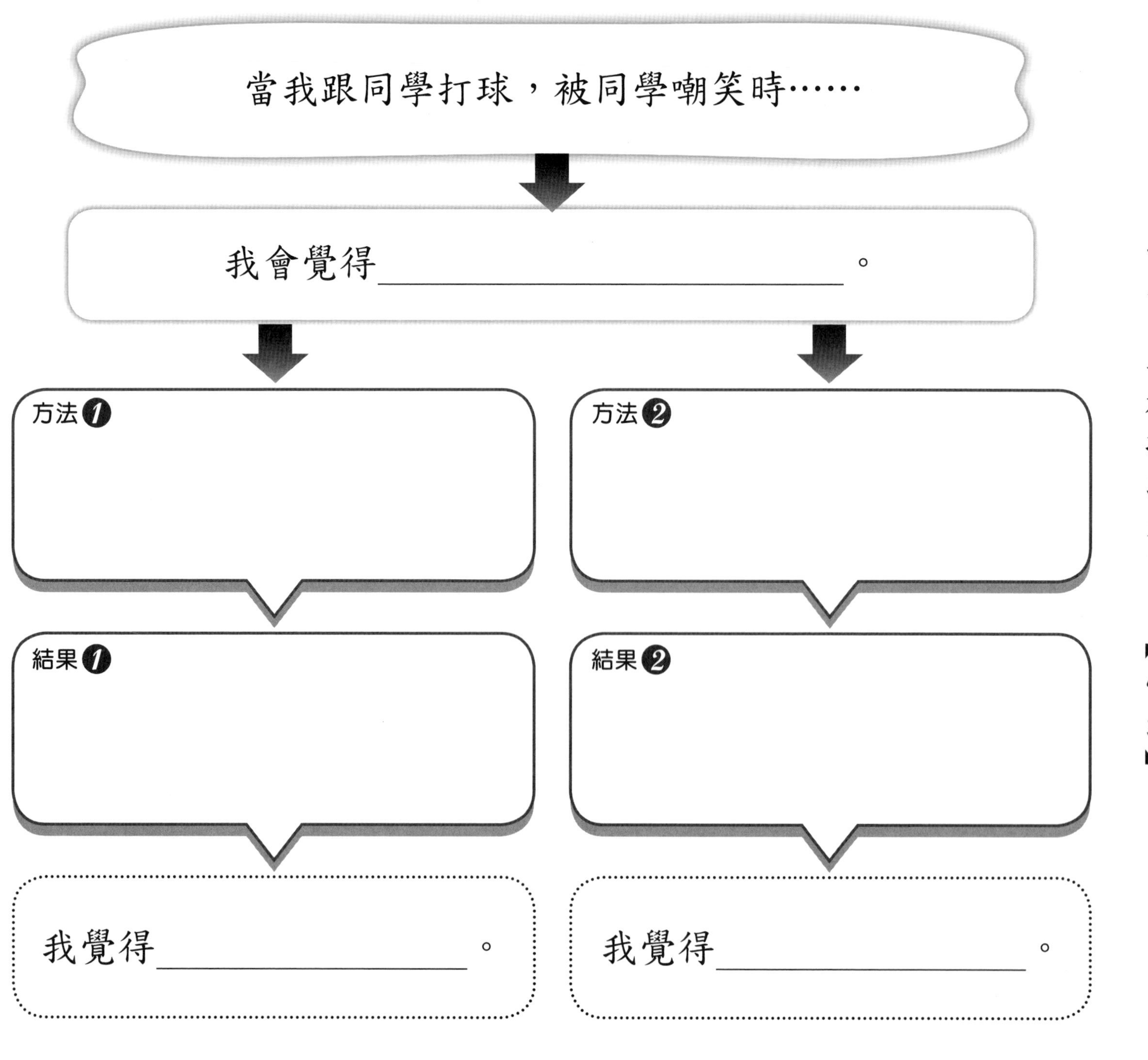

自我情緒選擇 21

今天是　月　日

※請根據情境寫出【情緒】，想出兩種方法之後，寫出結果，再根據結果寫出【情緒】。

當我正在房間換衣服，媽媽突然開門進來時……

我會覺得＿＿＿＿＿＿＿＿。

方法❶

結果❶

我覺得＿＿＿＿＿＿＿＿。

方法❷

結果❷

我覺得＿＿＿＿＿＿＿＿。

自我情緒選擇 22

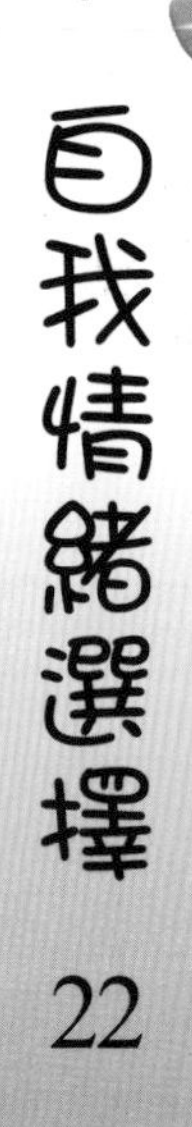

今天是　　月　　日

※請根據情境寫出【情緒】，想出兩種方法之後，寫出結果，再根據結果寫出【情緒】。

當我不知道如何修理腳踏車時……

我會覺得＿＿＿＿＿＿＿＿＿＿＿＿。

方法❶

結果❶

我覺得＿＿＿＿＿＿＿＿＿＿。

方法❷

結果❷

我覺得＿＿＿＿＿＿＿＿＿＿。

今天是　月　日

※請根據情境寫出【情緒】，想出兩種方法之後，寫出結果，再根據結果寫出【情緒】。

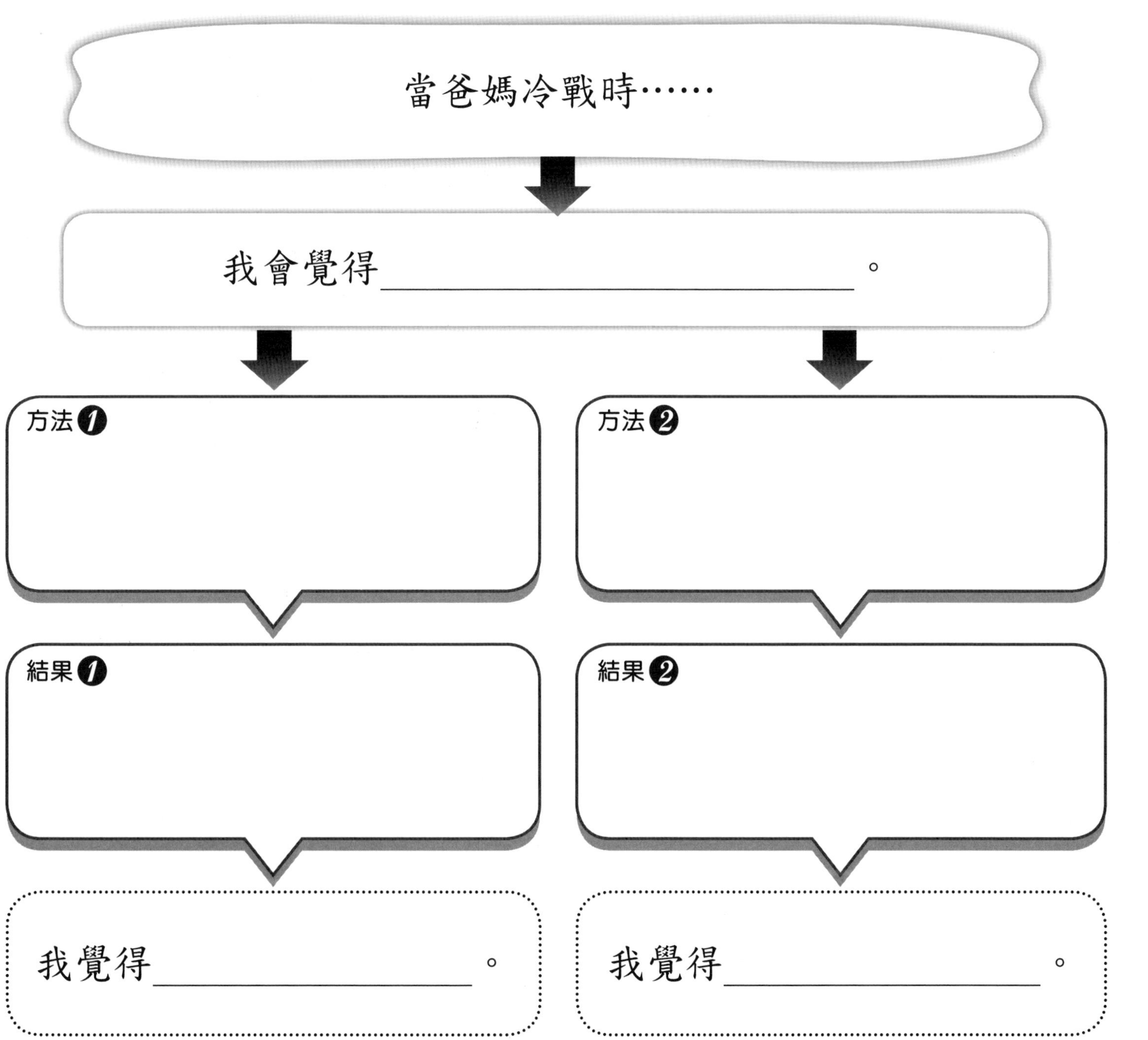

自我情緒選擇 24

今天是　月　日

※請根據情境寫出【情緒】，想出兩種方法之後，寫出結果，再根據結果寫出【情緒】。

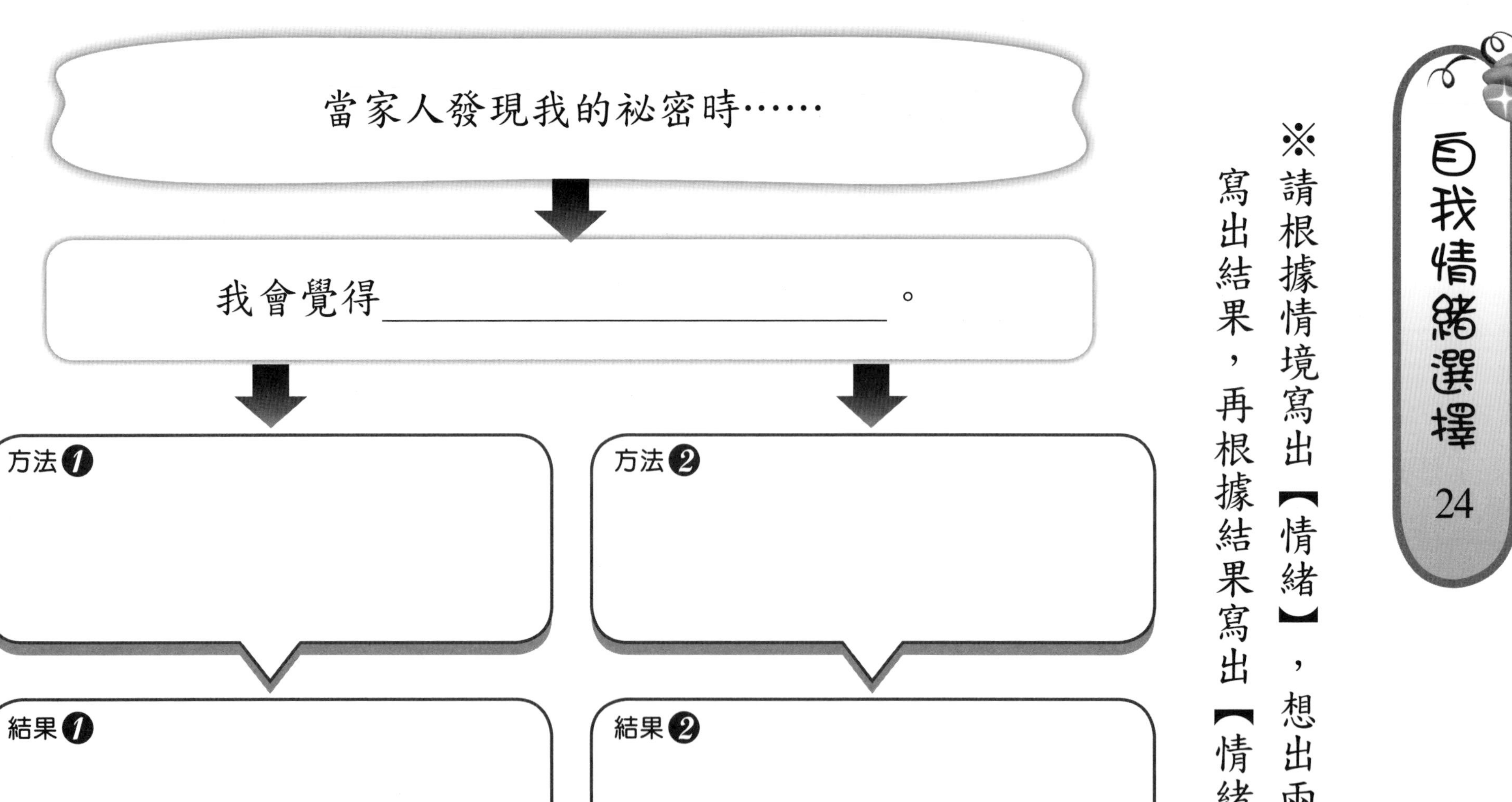

結果❶

結果❷

我覺得＿＿＿＿＿＿＿＿。

我覺得＿＿＿＿＿＿＿＿。

今天是　　月　　日

※請根據情境寫出【情緒】，想出兩種方法之後，寫出結果，再根據結果寫出【情緒】。

當喜宴中，爸媽喝醉酒時……

我會覺得＿＿＿＿＿＿＿＿＿＿＿＿。

方法❶	方法❷

結果❶	結果❷

我覺得＿＿＿＿＿＿＿＿＿＿。	我覺得＿＿＿＿＿＿＿＿＿＿。

自我情緒選擇 26

今天是　月　日

※請根據情境寫出【情緒】，想出兩種方法之後，寫出結果，再根據結果寫出【情緒】。

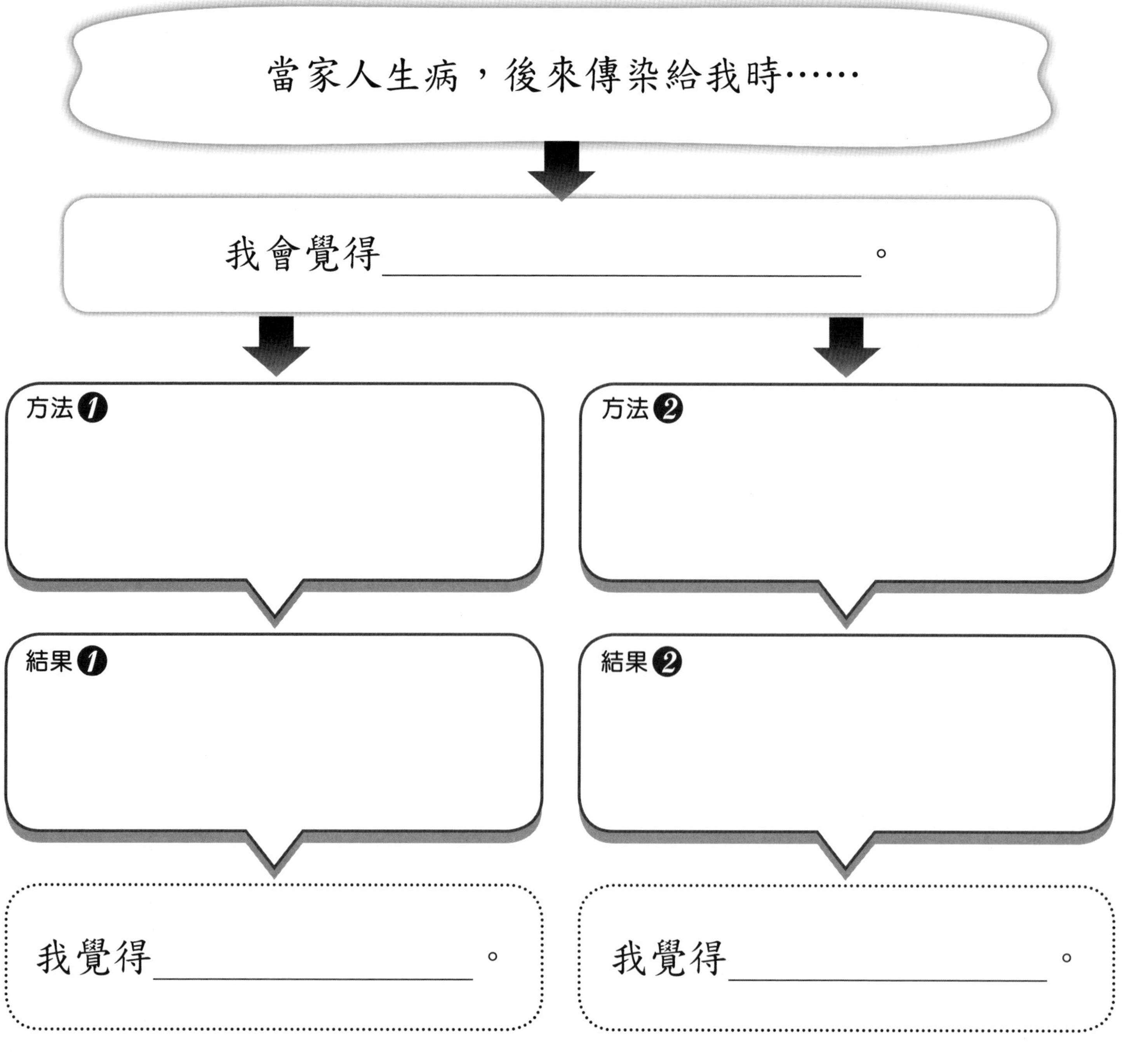

自我情緒選擇 27

※請根據情境寫出【情緒】，想出兩種方法之後，寫出結果，再根據結果寫出【情緒】。

當爸爸很多天晚上沒跟我說話時……

我會覺得＿＿＿＿＿＿＿＿＿＿＿＿＿＿＿。

方法❶

方法❷

結果❶

結果❷

我覺得＿＿＿＿＿＿＿＿＿＿＿＿＿。

我覺得＿＿＿＿＿＿＿＿＿＿＿＿＿。

自我情緒選擇 28

今天是　　月　　日

※請根據情境寫出【情緒】，想出兩種方法之後，寫出結果，再根據結果寫出【情緒】。

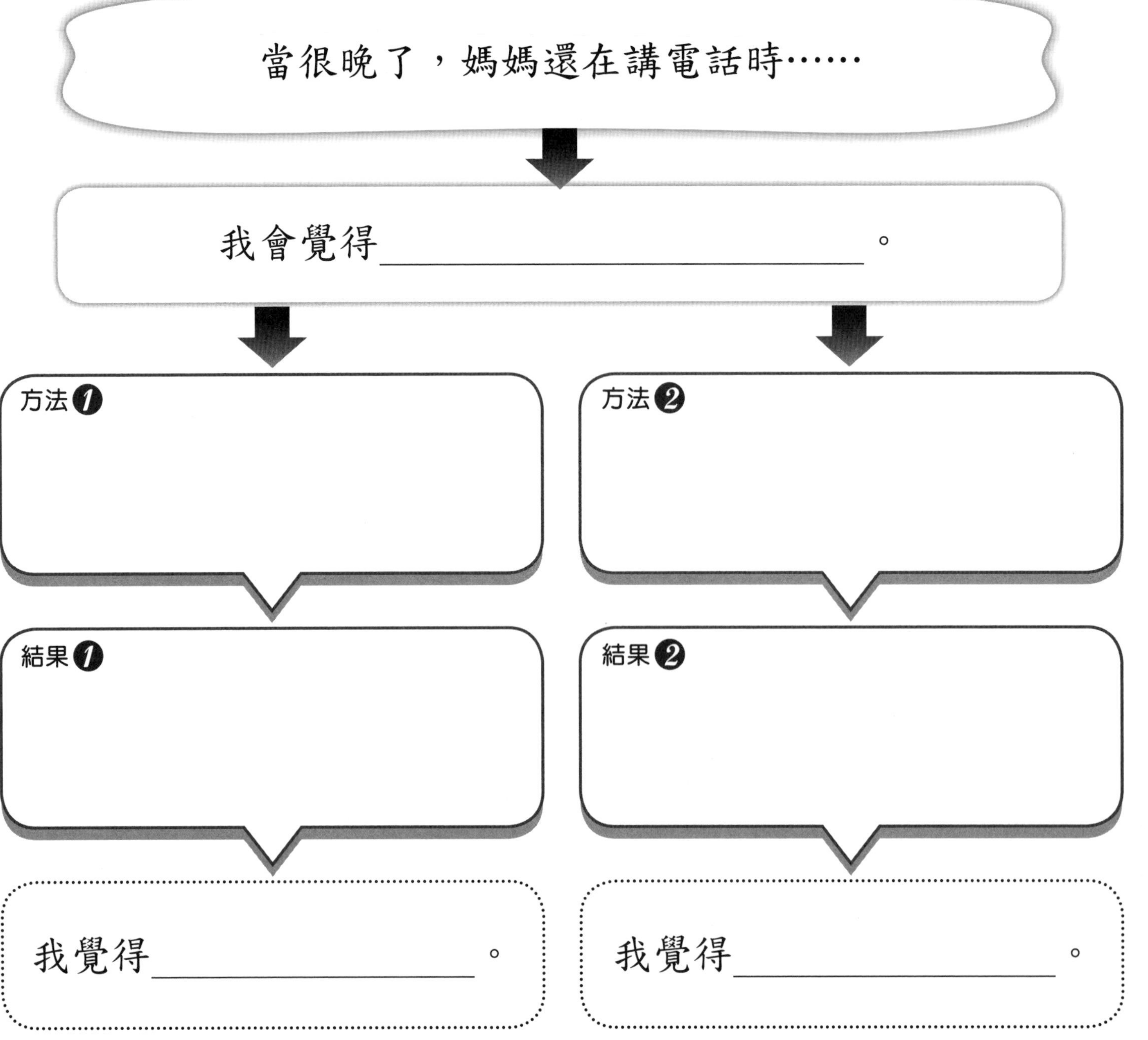

自我情緒選擇 29

今天是　月　日

※請根據情境寫出【情緒】，想出兩種方法之後，寫出結果，再根據結果寫出【情緒】。

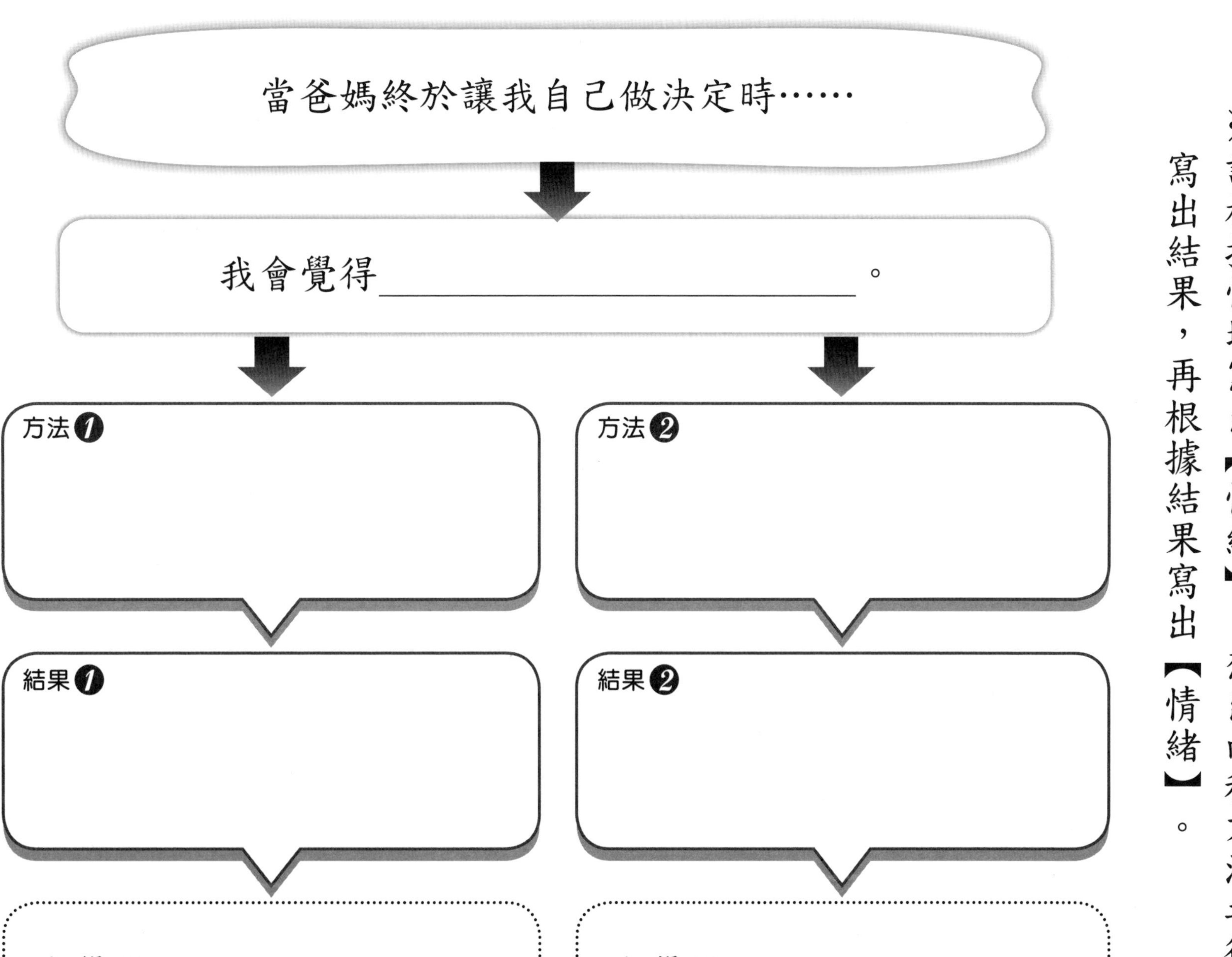

自我情緒選擇 30

今天是　　月　　日

※請根據情境寫出【情緒】，想出兩種方法之後，寫出結果，再根據結果寫出【情緒】。

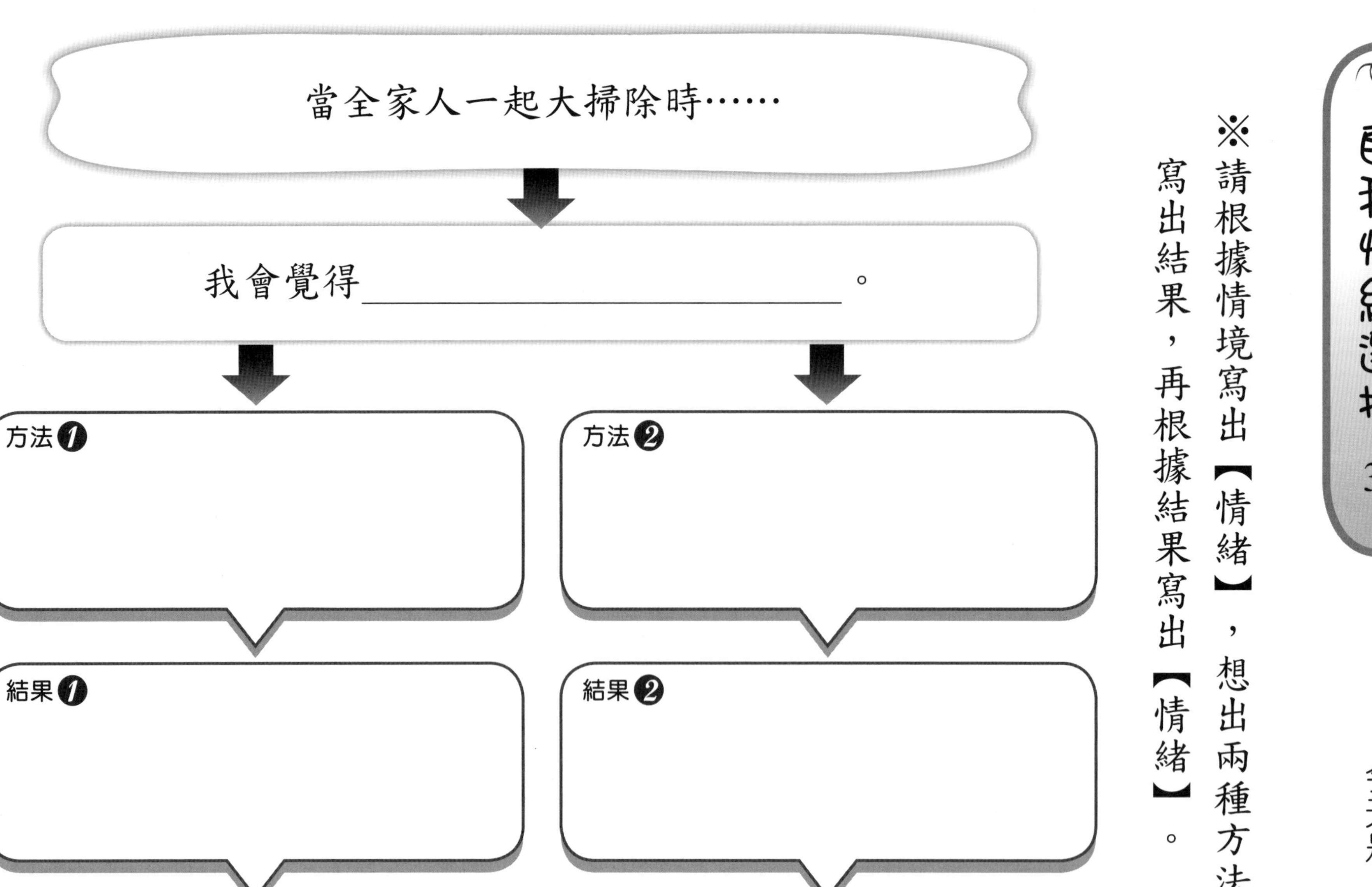

自我情緒選擇 31

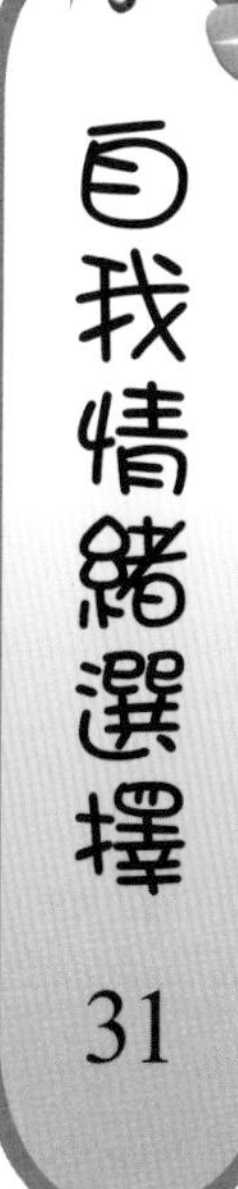

今天是　　月　　日

※請根據情境寫出【情緒】，想出兩種方法之後，寫出結果，再根據結果寫出【情緒】。

當爸媽不准我買自己想要的東西時……

我會覺得＿＿＿＿＿＿＿＿＿＿＿＿。

方法❶

結果❶

我覺得＿＿＿＿＿＿＿＿＿＿。

方法❷

結果❷

我覺得＿＿＿＿＿＿＿＿＿＿。

自我情緒選擇 32

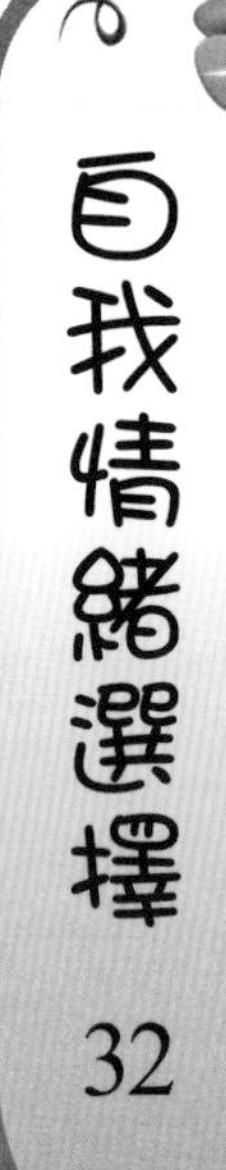

今天是　　月　　日

※請根據情境寫出【情緒】，想出兩種方法之後，寫出結果，再根據結果寫出【情緒】。

當出門的時候發現鞋子壞了時……

我會覺得＿＿＿＿＿＿＿＿＿＿＿＿＿＿。

方法❶

結果❶

我覺得＿＿＿＿＿＿＿＿＿＿＿。

方法❷

結果❷

我覺得＿＿＿＿＿＿＿＿＿＿＿。

自我情緒選擇 33

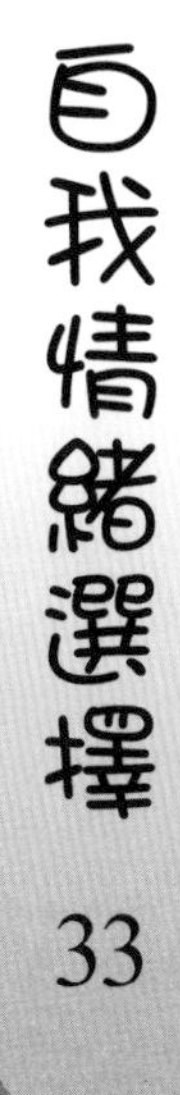

今天是　　月　　日

※請根據情境寫出【情緒】，想出兩種方法之後，寫出結果，再根據結果寫出【情緒】。

當家人要我禮讓手足時……

我會覺得＿＿＿＿＿＿＿＿＿＿＿＿＿＿。

方法❶	方法❷
結果❶	**結果❷**
我覺得＿＿＿＿＿＿＿＿＿＿。	我覺得＿＿＿＿＿＿＿＿＿＿。

自我情緒選擇 34

今天是　　月　　日

※請根據情境寫出【情緒】，想出兩種方法之後，寫出結果，再根據結果寫出【情緒】。

當別人對我惡作劇時……

我會覺得＿＿＿＿＿＿＿＿＿＿＿＿。

方法❶

結果❶

我覺得＿＿＿＿＿＿＿＿＿＿。

方法❷

結果❷

我覺得＿＿＿＿＿＿＿＿＿＿。

自我情緒選擇 35

※請根據情境寫出【情緒】，想出兩種方法之後，寫出結果，再根據結果寫出【情緒】。

當做著自己喜歡的事情時……

我會覺得＿＿＿＿＿＿＿＿＿＿＿＿。

方法❶

結果❶

我覺得＿＿＿＿＿＿＿＿＿＿。

方法❷

結果❷

我覺得＿＿＿＿＿＿＿＿＿＿。

自我情緒選擇 36

今天是　月　日

※請根據情境寫出【情緒】，想出兩種方法之後，寫出結果，再根據結果寫出【情緒】。

當造成別人困擾時……

我會覺得＿＿＿＿＿＿＿＿＿＿＿＿。

方法❶

結果❶

我覺得＿＿＿＿＿＿＿＿＿＿。

方法❷

結果❷

我覺得＿＿＿＿＿＿＿＿＿＿。

今天是　　月　　日

※請根據情境寫出【情緒】，想出兩種方法之後，寫出結果，再根據結果寫出【情緒】。

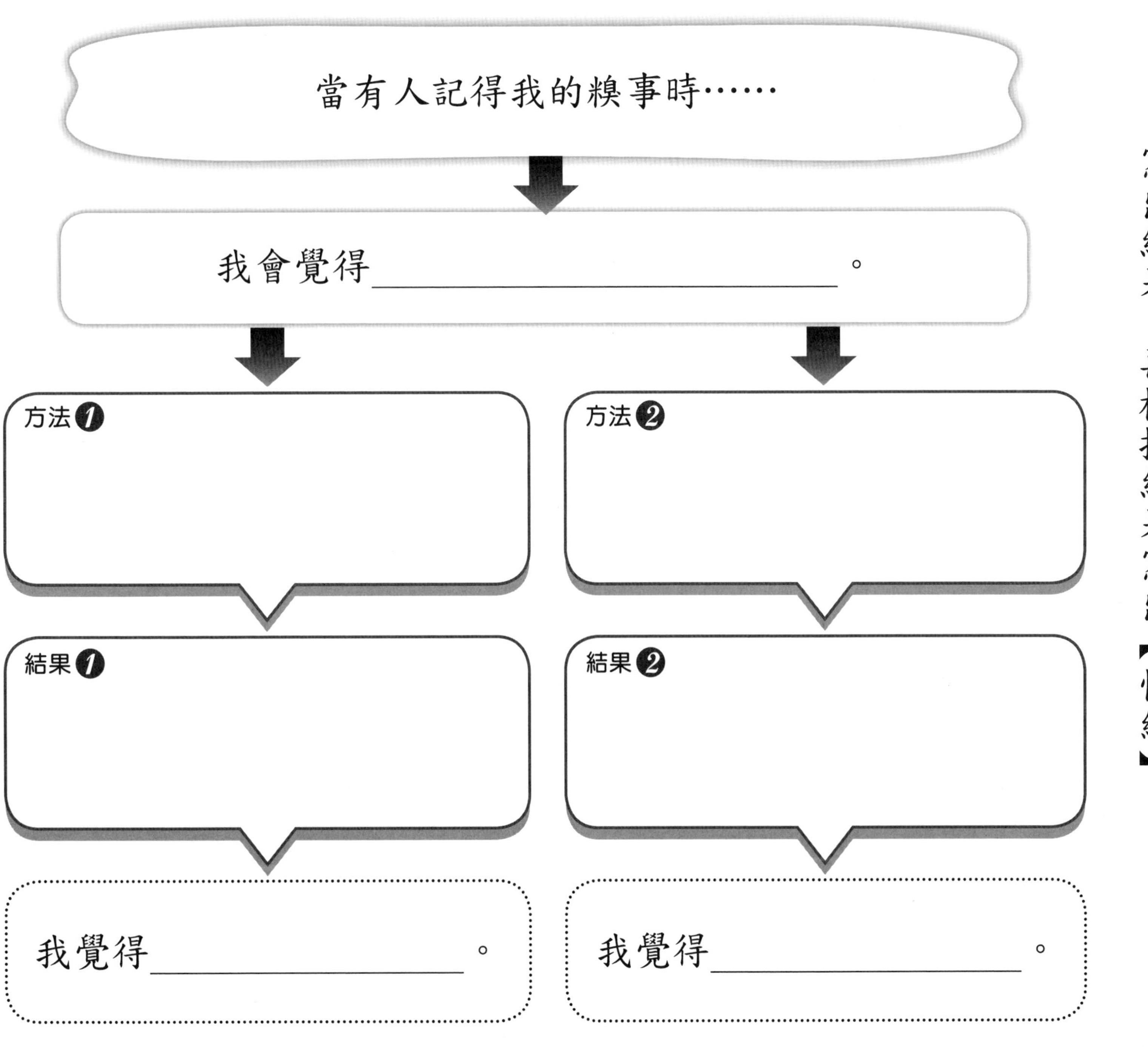

自我情緒選擇 38

今天是　月　日

※請根據情境寫出【情緒】，想出兩種方法之後，寫出結果，再根據結果寫出【情緒】。

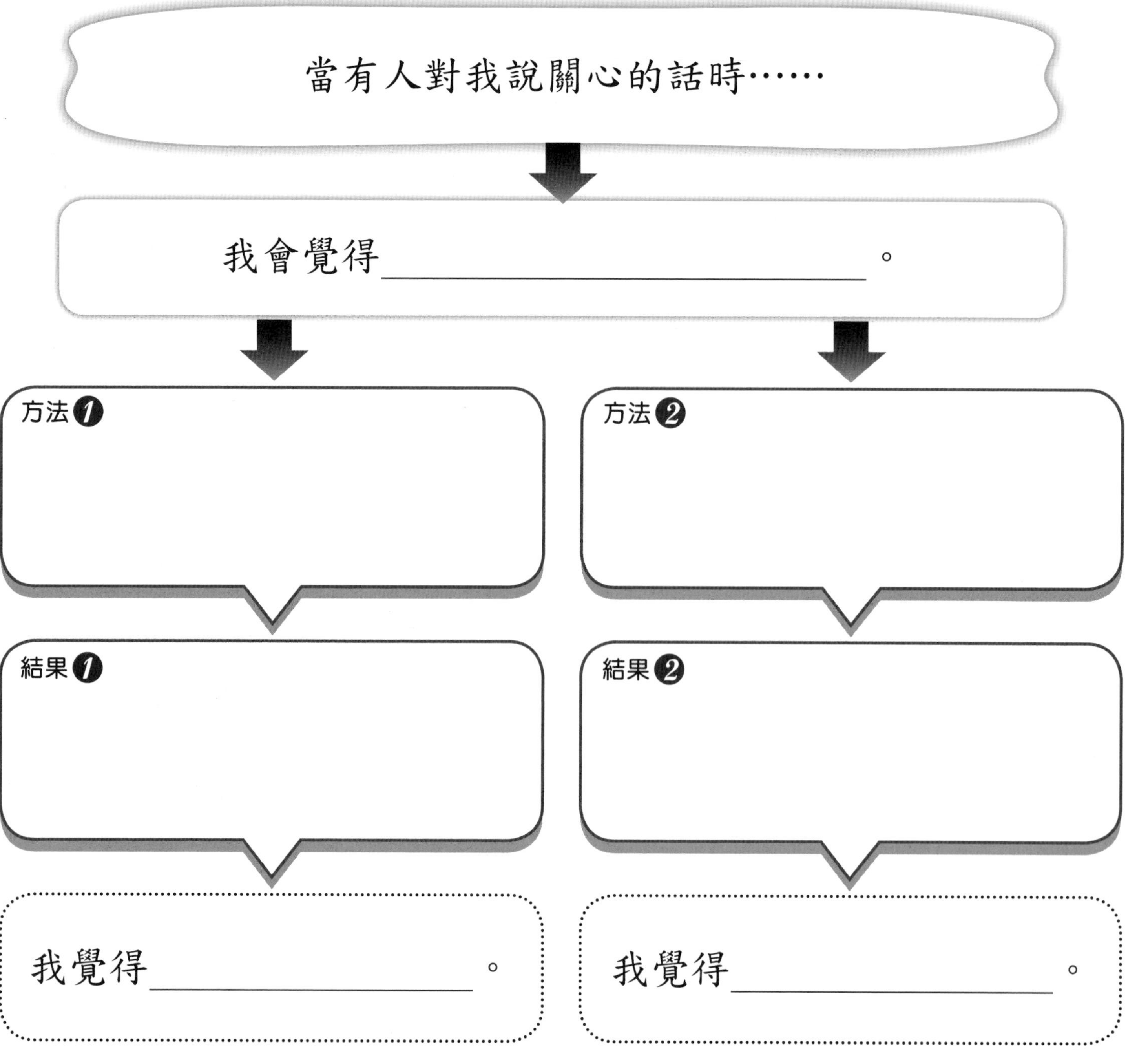

自我情緒選擇 39

今天是 月 日

※請根據情境寫出【情緒】，想出兩種方法之後，寫出結果，再根據結果寫出【情緒】。

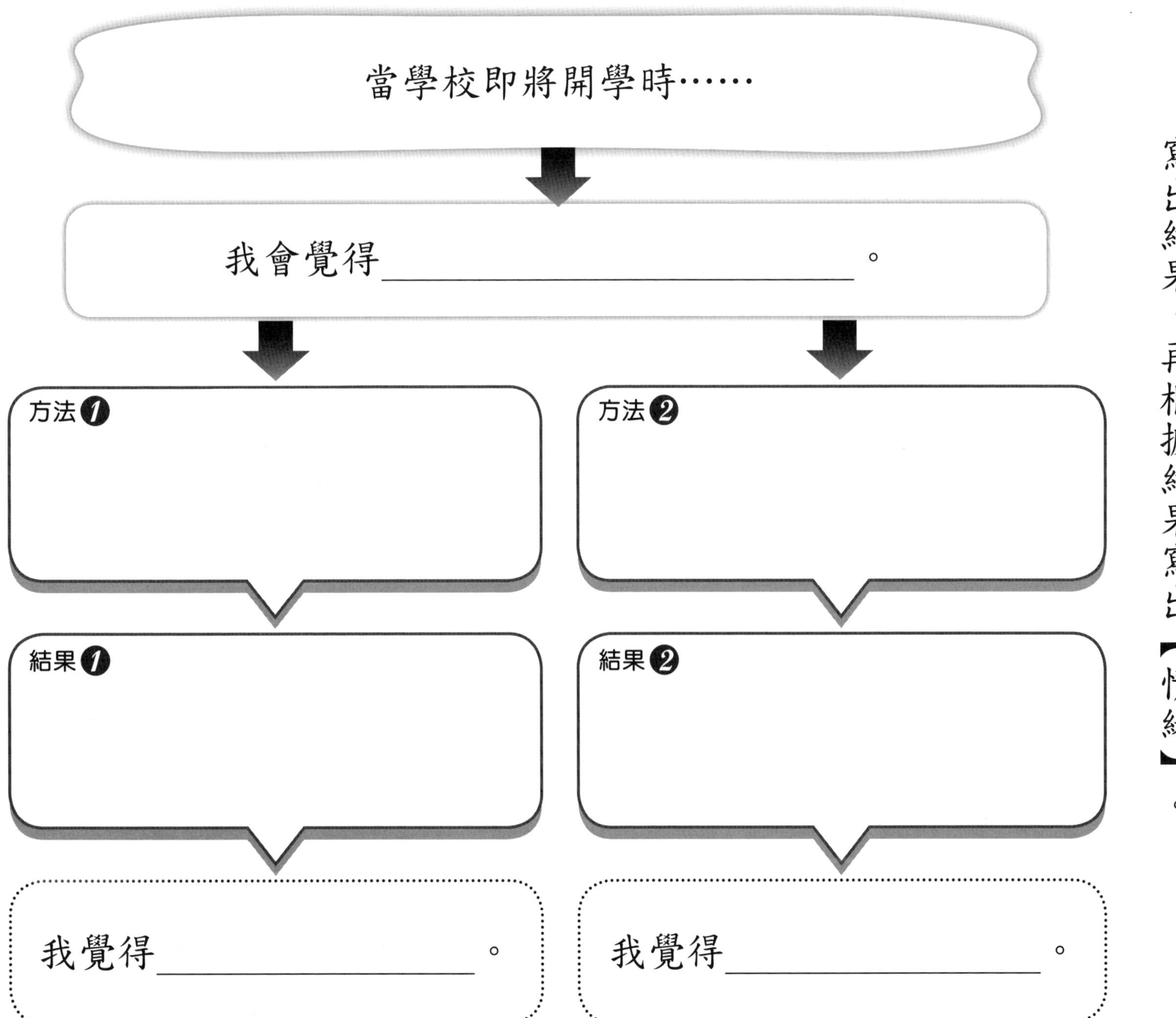

自我情緒選擇 40

今天是　　月　　日

※請根據情境寫出【情緒】，想出兩種方法之後，寫出結果，再根據結果寫出【情緒】。

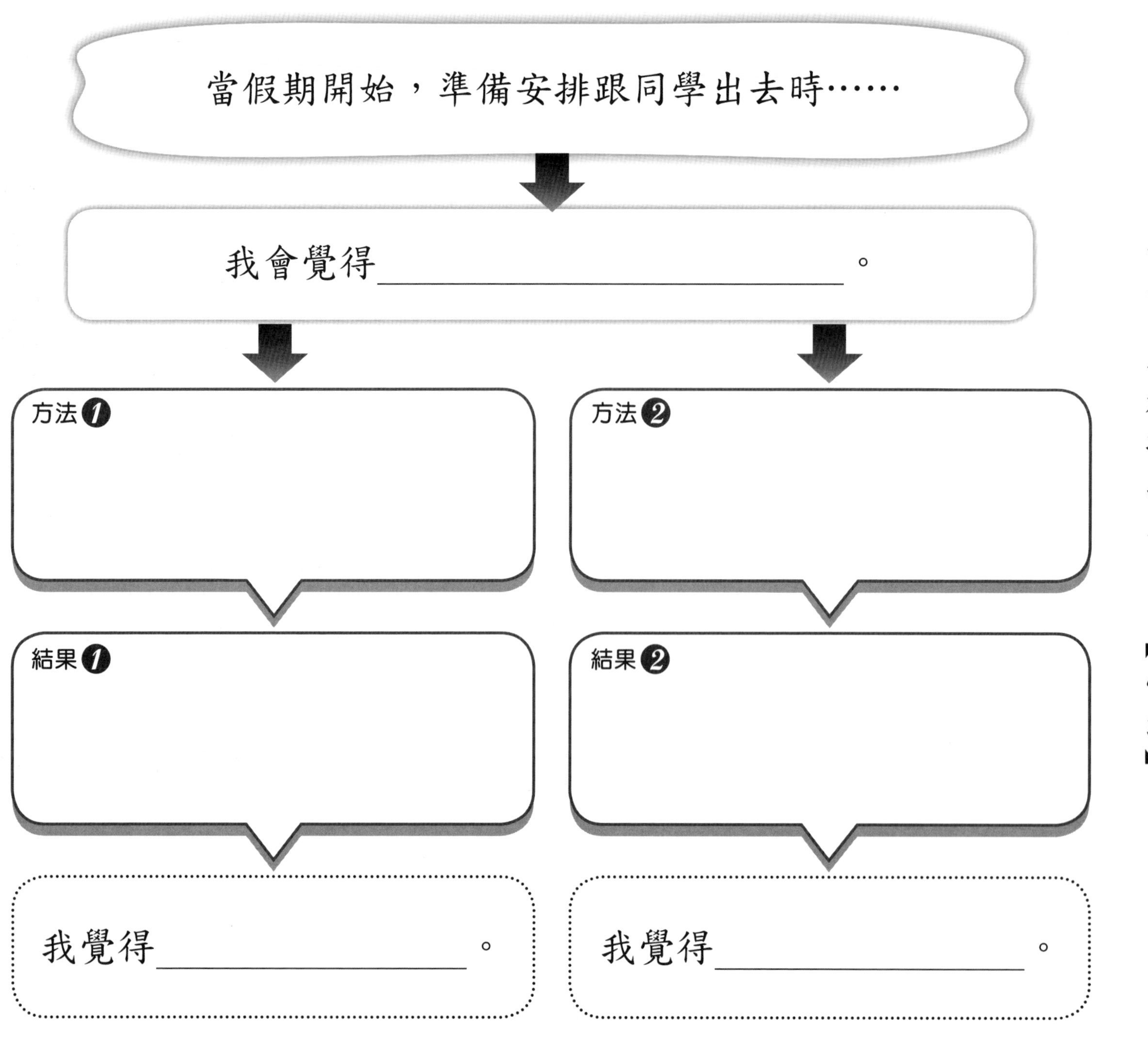

今天是　　月　　日

※請根據情境寫出【情緒】，想出兩種方法之後，寫出結果，再根據結果寫出【情緒】。

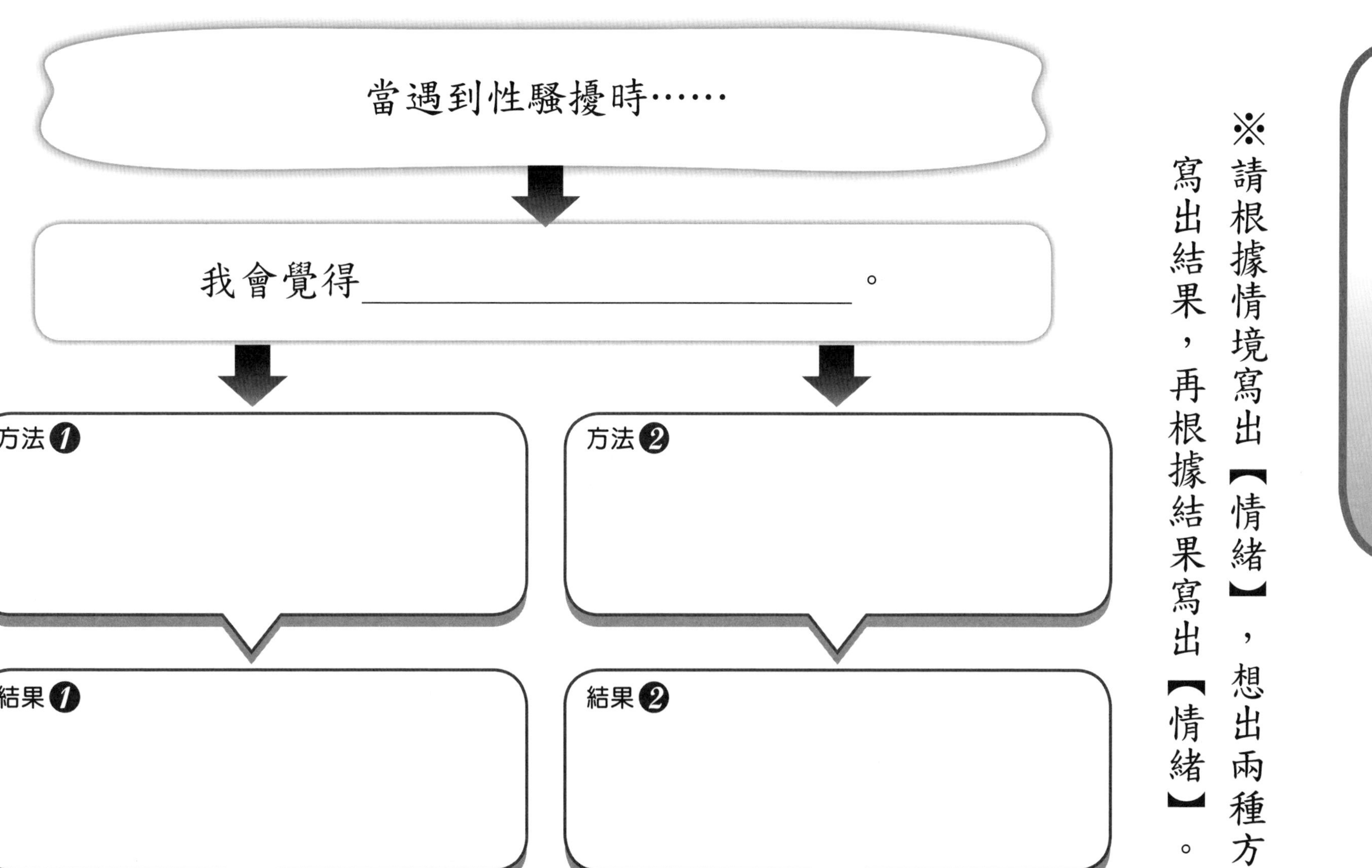

自我情緒選擇 42

今天是　月　日

※請根據情境寫出【情緒】，想出兩種方法之後，寫出結果，再根據結果寫出【情緒】。

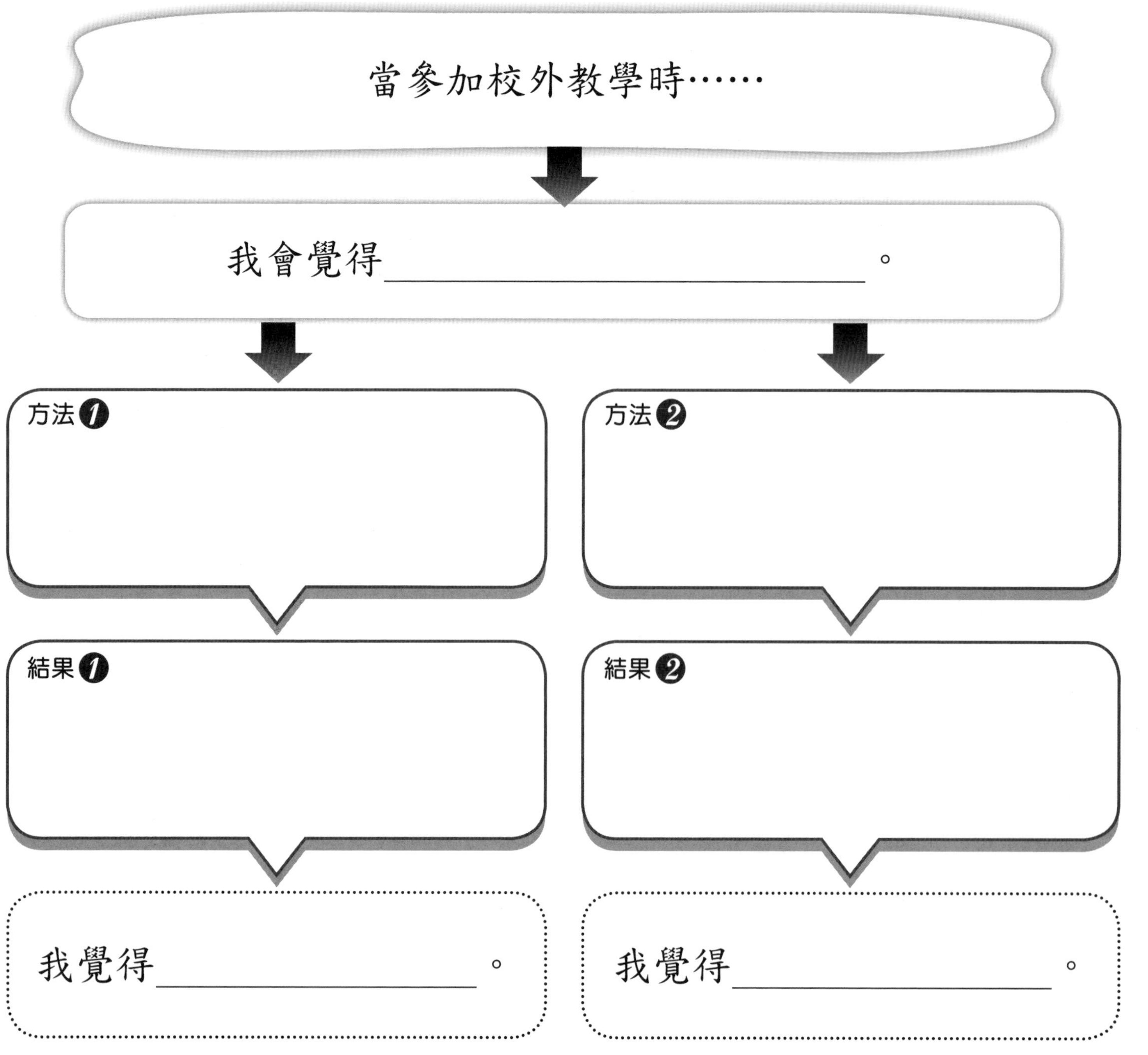

今天是　月　日

※請根據情境寫出【情緒】，想出兩種方法之後，寫出結果，再根據結果寫出【情緒】。

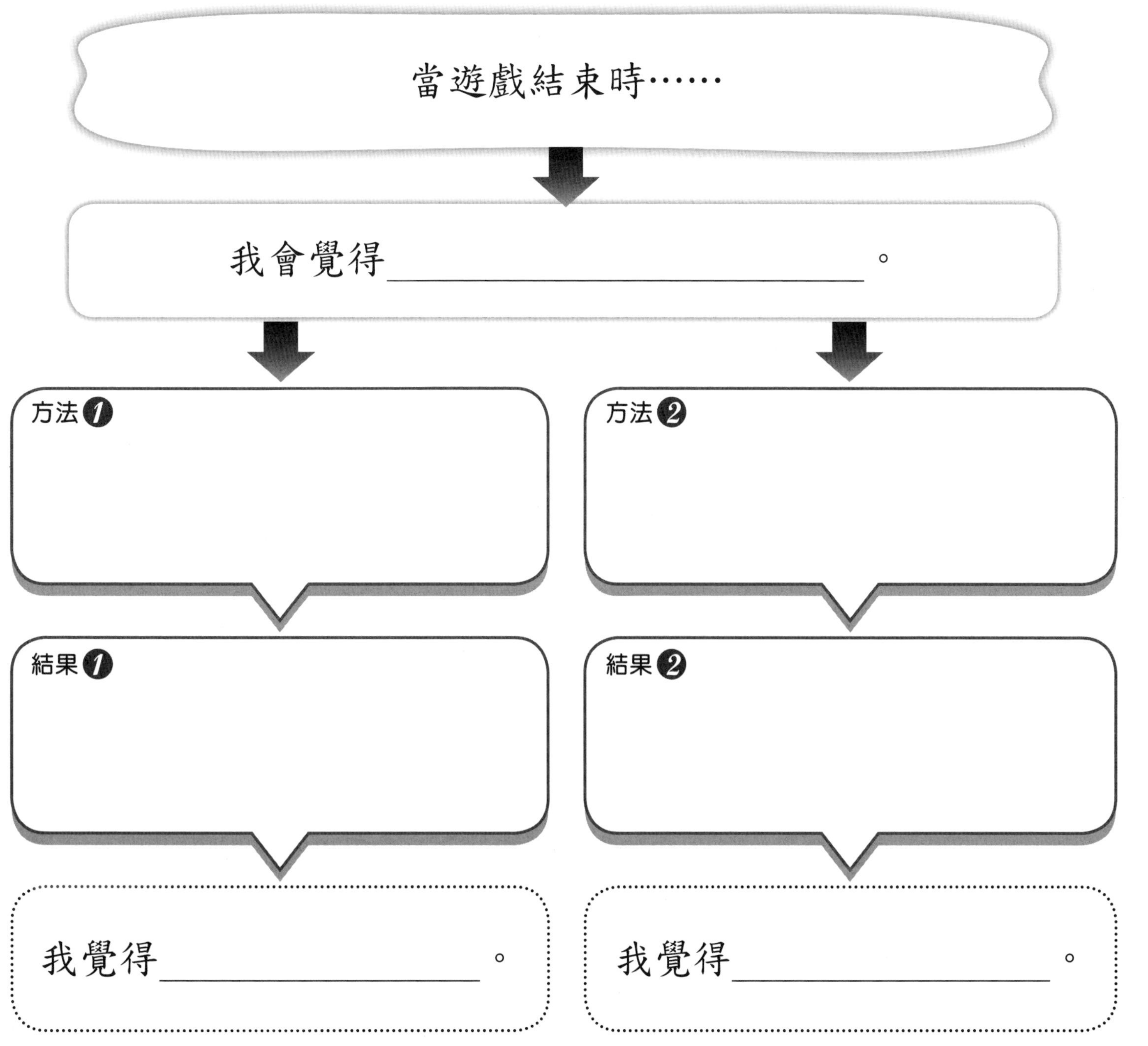

自我情緒選擇 44

今天是　　月　　日

※請根據情境寫出【情緒】，想出兩種方法之後，寫出結果，再根據結果寫出【情緒】。

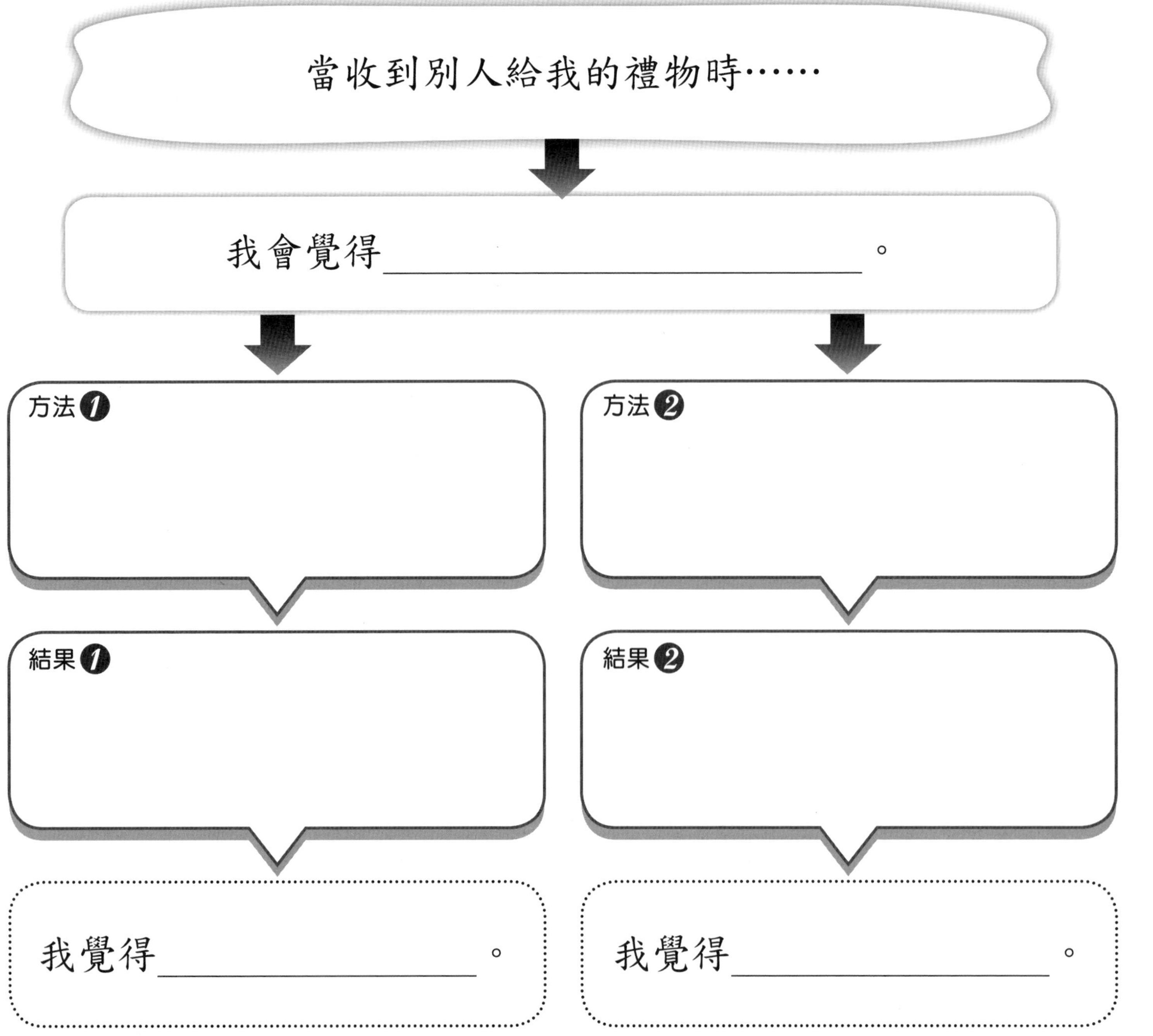

自我情緒選擇 45

今天是　　月　　日

※請根據情境寫出【情緒】，想出兩種方法之後，寫出結果，再根據結果寫出【情緒】。

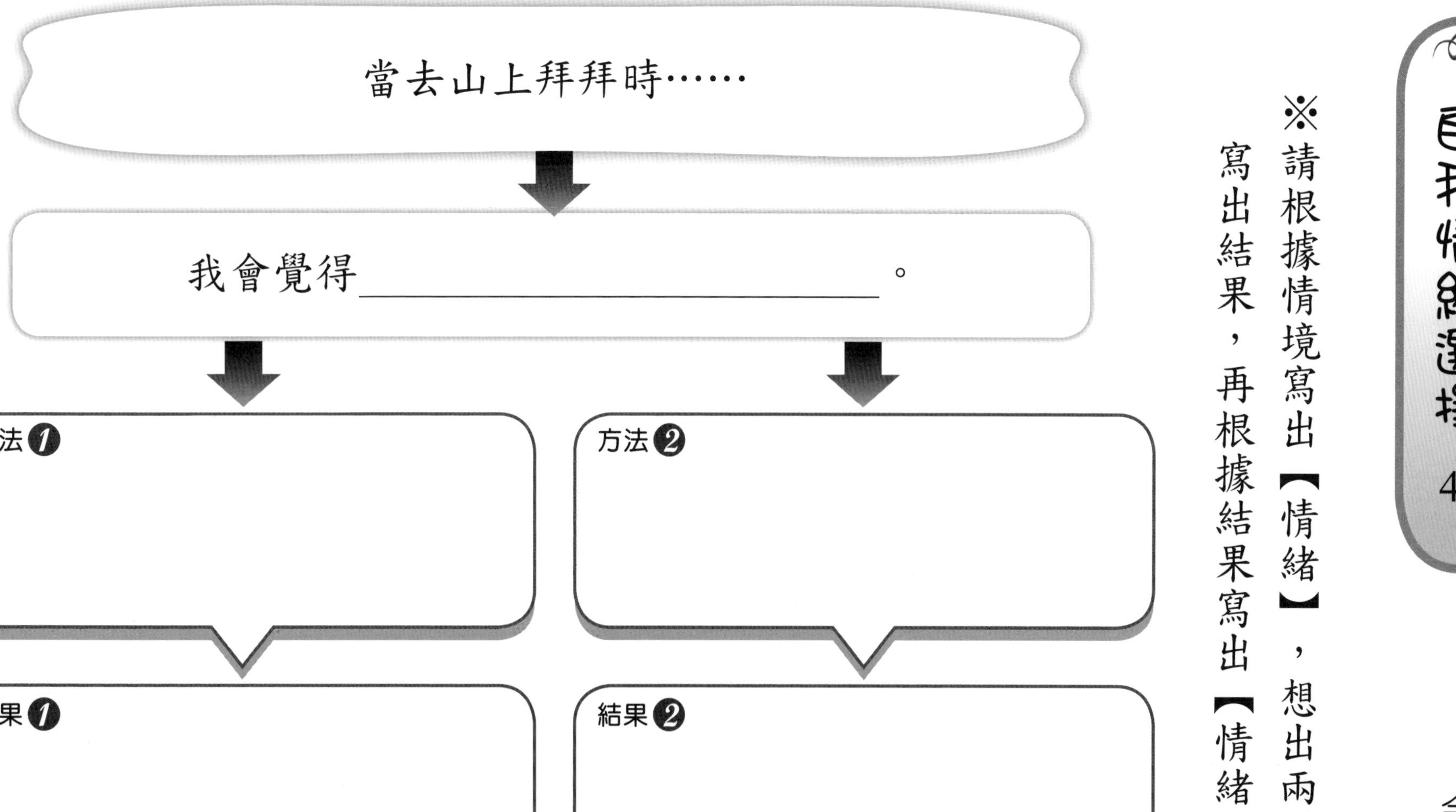

自我情緒選擇 46

今天是　　月　　日

※請根據情境寫出【情緒】，想出兩種方法之後，寫出結果，再根據結果寫出【情緒】。

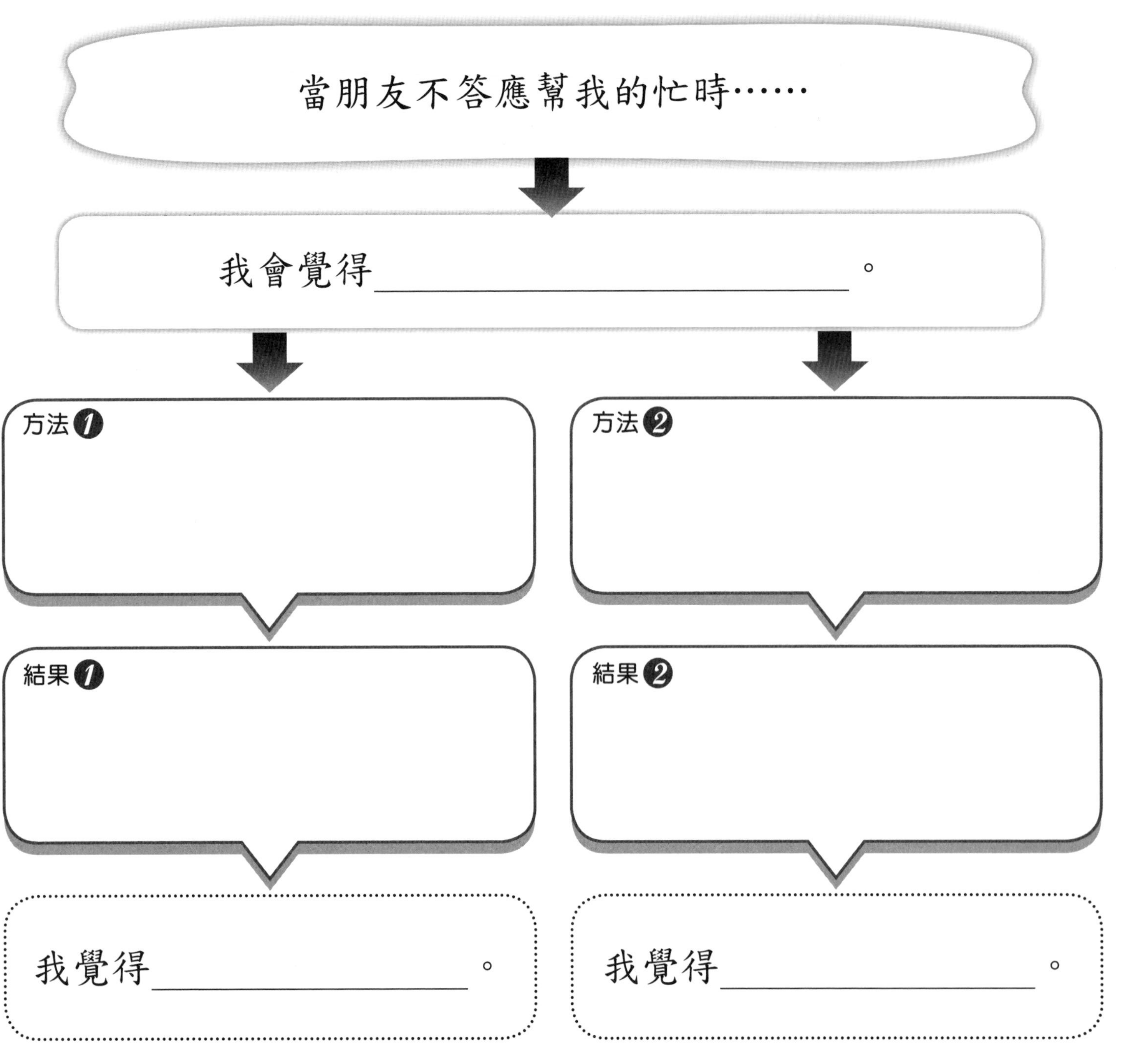

自我情緒選擇 47

今天是　　月　　日

※請根據情境寫出【情緒】，想出兩種方法之後，寫出結果，再根據結果寫出【情緒】。

當我的作品遭到破壞時……

我會覺得＿＿＿＿＿＿＿＿＿＿。

方法❶

結果❶

我覺得＿＿＿＿＿＿＿＿。

方法❷

結果❷

我覺得＿＿＿＿＿＿＿＿。

自我情緒選擇 48

今天是　　月　　日

※請根據情境寫出【情緒】，想出兩種方法之後，寫出結果，再根據結果寫出【情緒】。

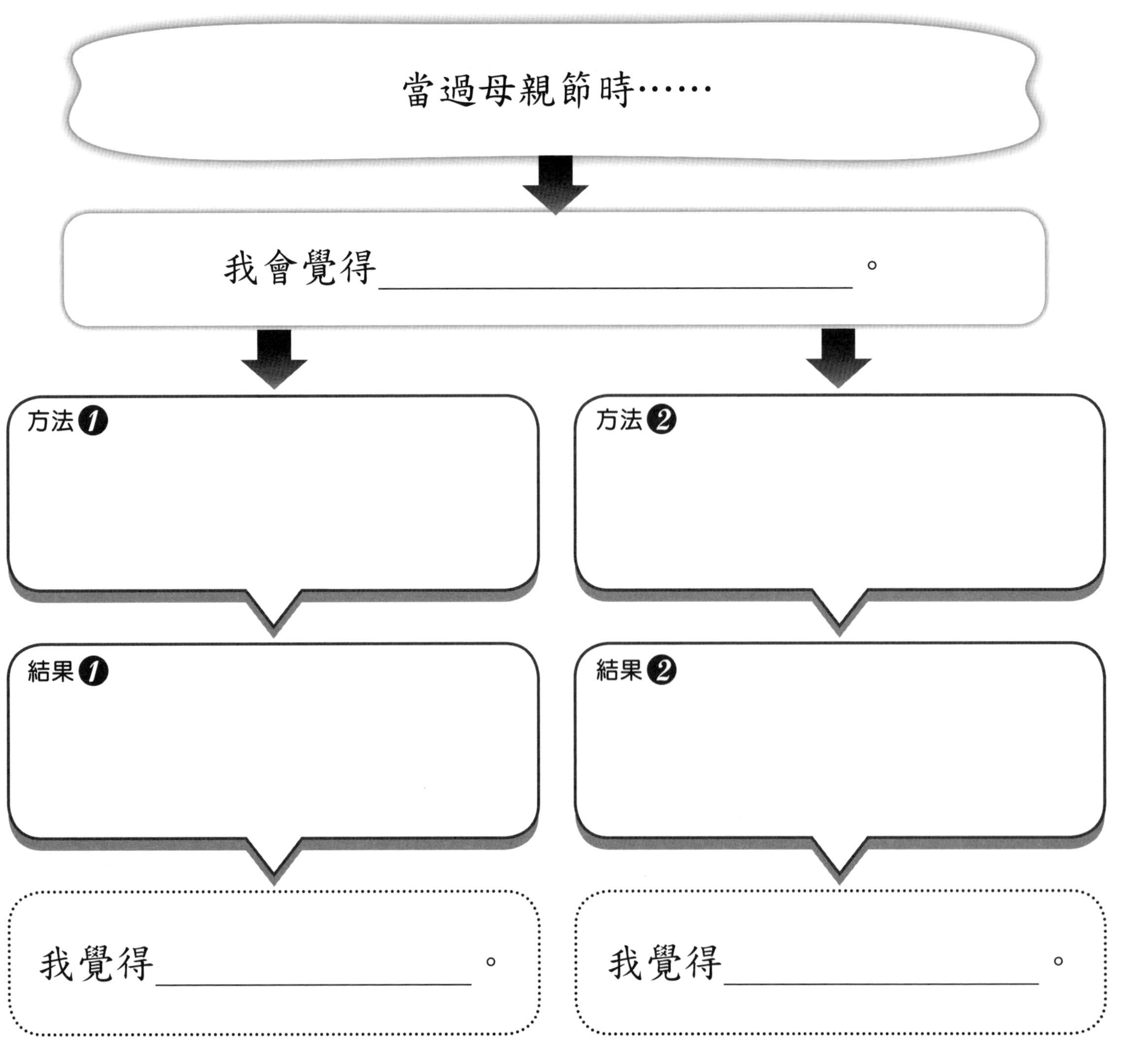

自我情緒選擇 49

今天是　月　日

※請根據情境寫出【情緒】，想出兩種方法之後，寫出結果，再根據結果寫出【情緒】。

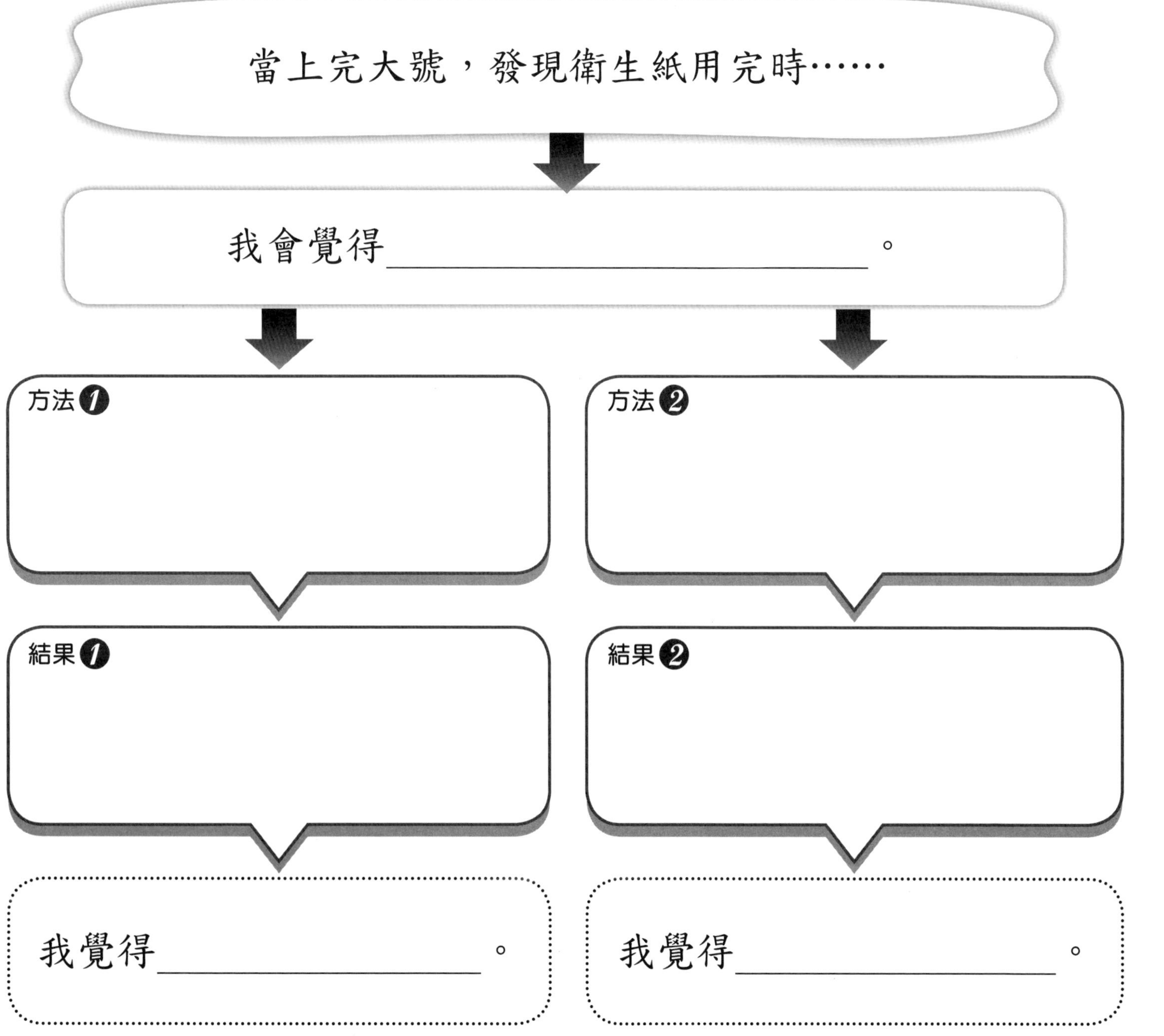

當上完大號，發現衛生紙用完時……

我會覺得＿＿＿＿＿＿＿＿。

方法❶

方法❷

結果❶

結果❷

我覺得＿＿＿＿＿＿＿＿。

我覺得＿＿＿＿＿＿＿＿。

自我情緒選擇 50

※請根據情境寫出【情緒】，想出兩種方法之後，寫出結果，再根據結果寫出【情緒】。

今天是　　月　　日

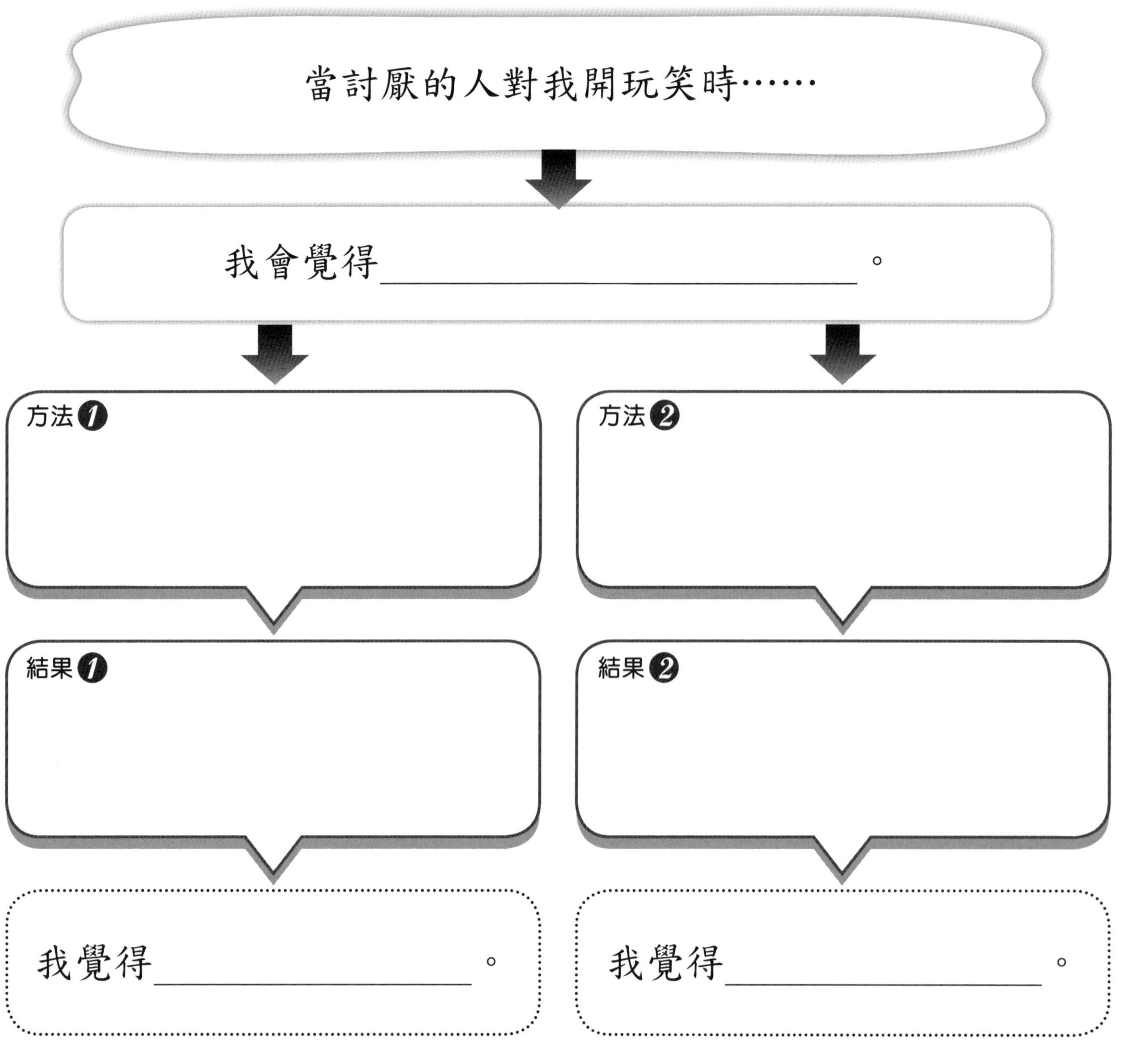

今天是 月 日

※請根據情境寫出【情緒】，想出兩種方法之後，寫出結果，再根據結果寫出【情緒】。

當排隊有人一直推擠時……

我會覺得＿＿＿＿＿＿＿＿＿＿＿＿＿。

方法❶

方法❷

結果❶

結果❷

我覺得＿＿＿＿＿＿＿＿＿＿。

我覺得＿＿＿＿＿＿＿＿＿＿。

自我情緒選擇 52

今天是　　月　　日

※請根據情境寫出【情緒】，想出兩種方法之後，寫出結果，再根據結果寫出【情緒】。

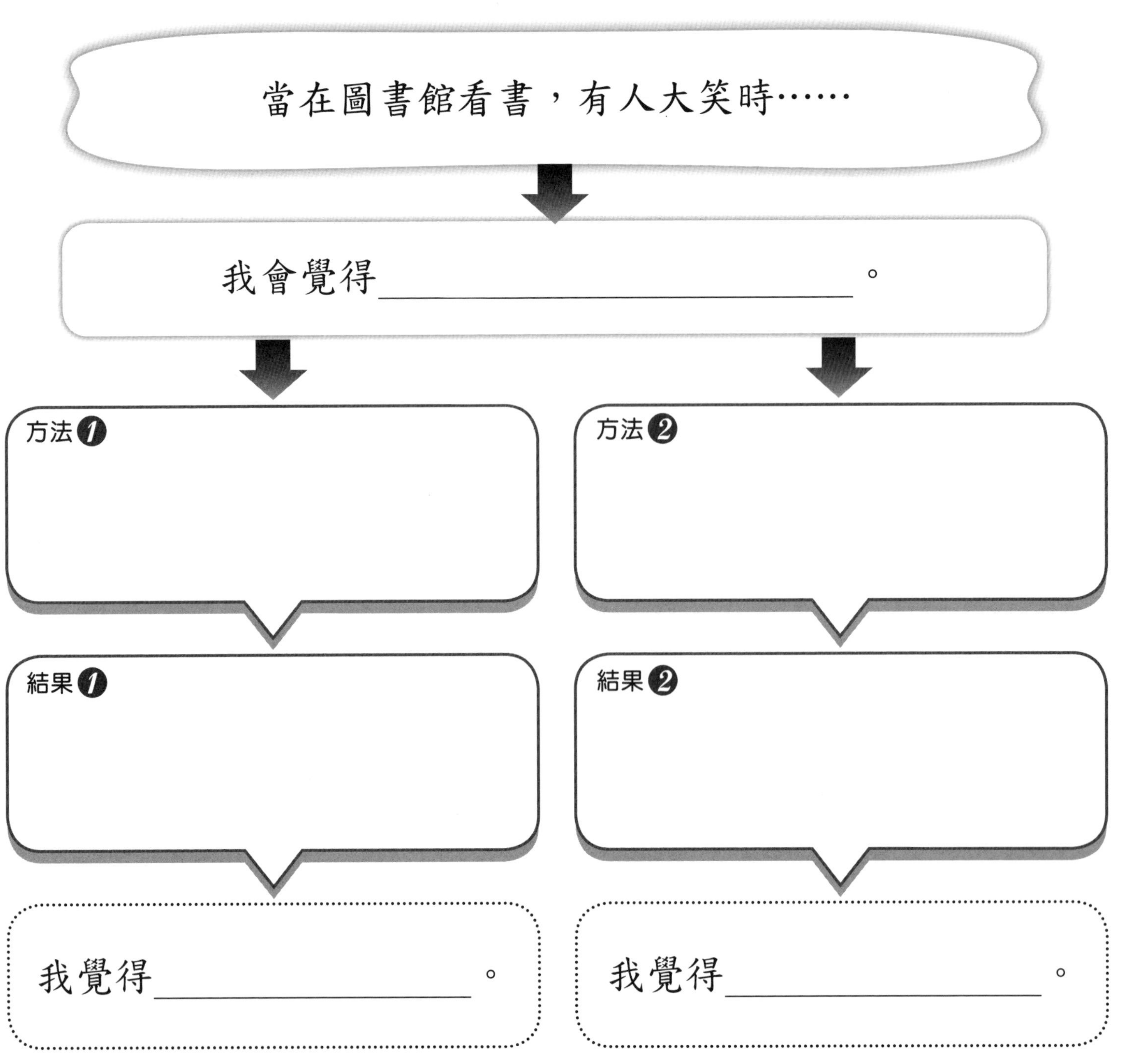

自我情緒選擇 53

今天是　　月　　日

※請根據情境寫出【情緒】，想出兩種方法之後，寫出結果，再根據結果寫出【情緒】。

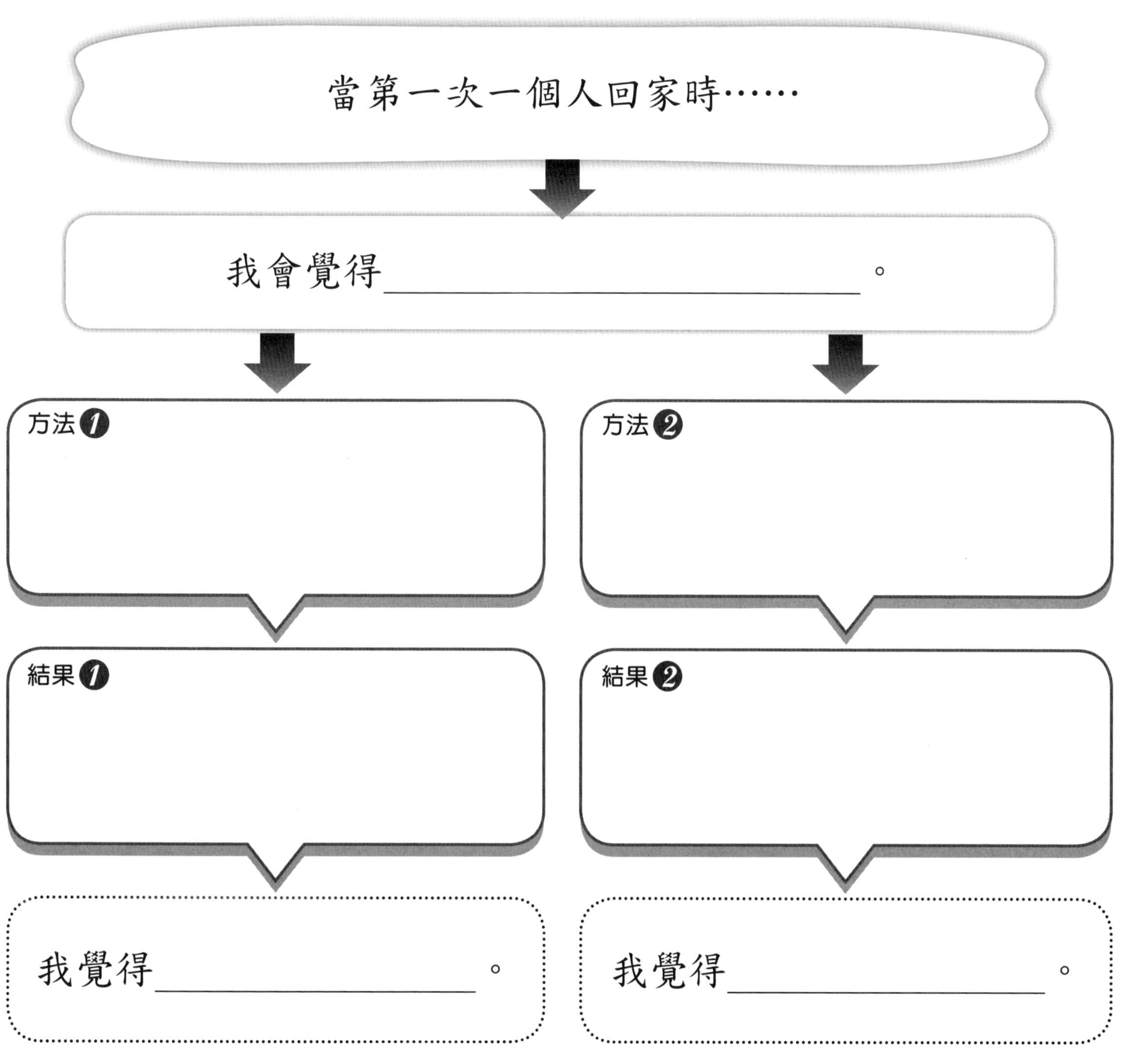

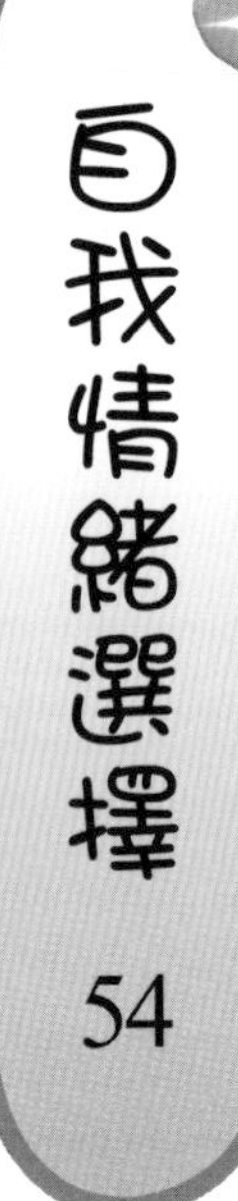

今天是　　月　　日

※請根據情境寫出【情緒】，想出兩種方法之後，寫出結果，再根據結果寫出【情緒】。

當趕上了公車，卻發現忘了帶書包時……

我會覺得＿＿＿＿＿＿＿＿＿＿＿＿。

方法❶	方法❷

結果❶	結果❷

我覺得＿＿＿＿＿＿＿＿＿＿。	我覺得＿＿＿＿＿＿＿＿＿＿。

自我情緒選擇 55

今天是　月　日

※請根據情境寫出【情緒】，想出兩種方法之後，寫出結果，再根據結果寫出【情緒】。

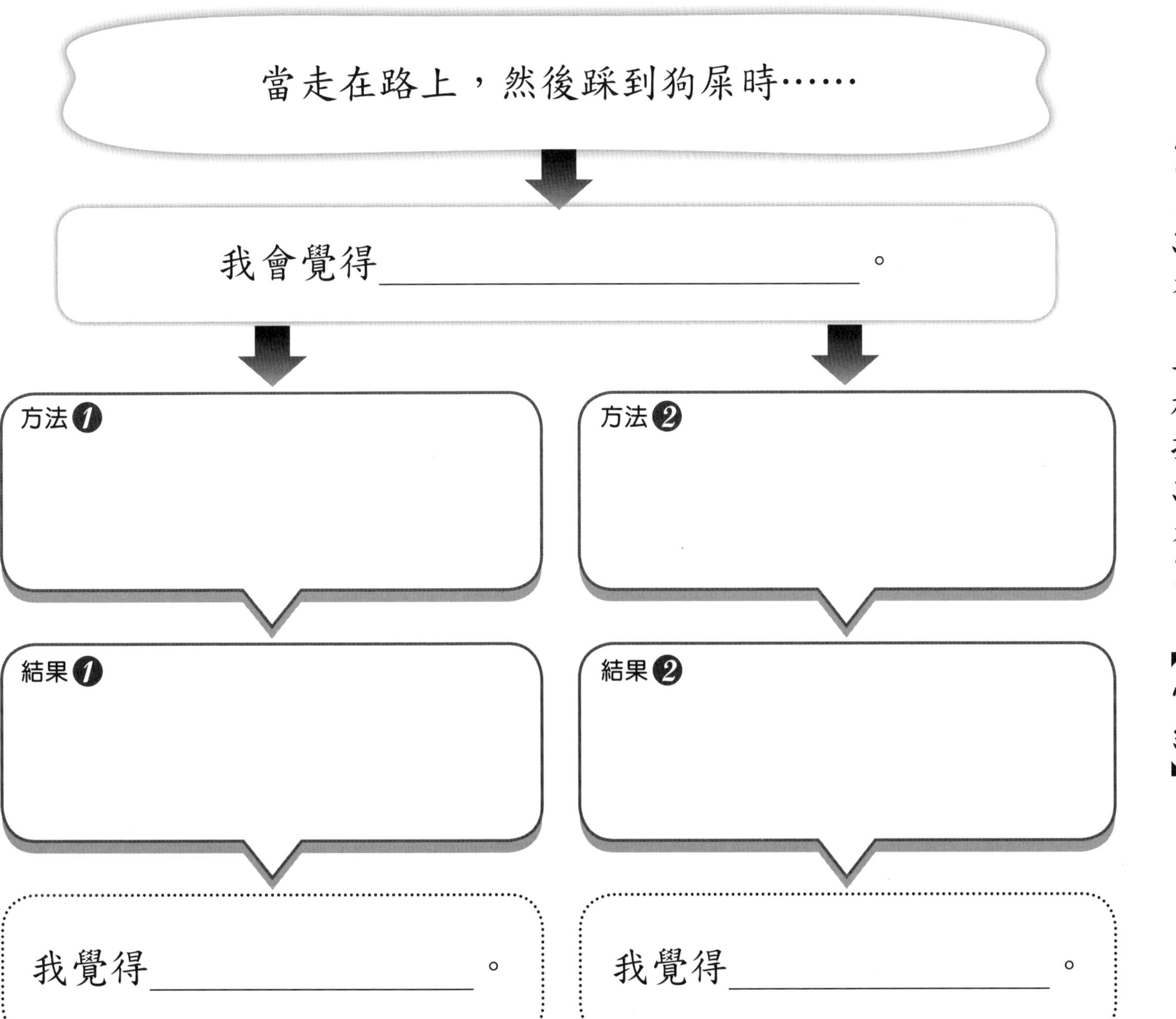

自我情緒選擇 56

今天是 月 日

※請根據情境寫出【情緒】，想出兩種方法之後，寫出結果，再根據結果寫出【情緒】。

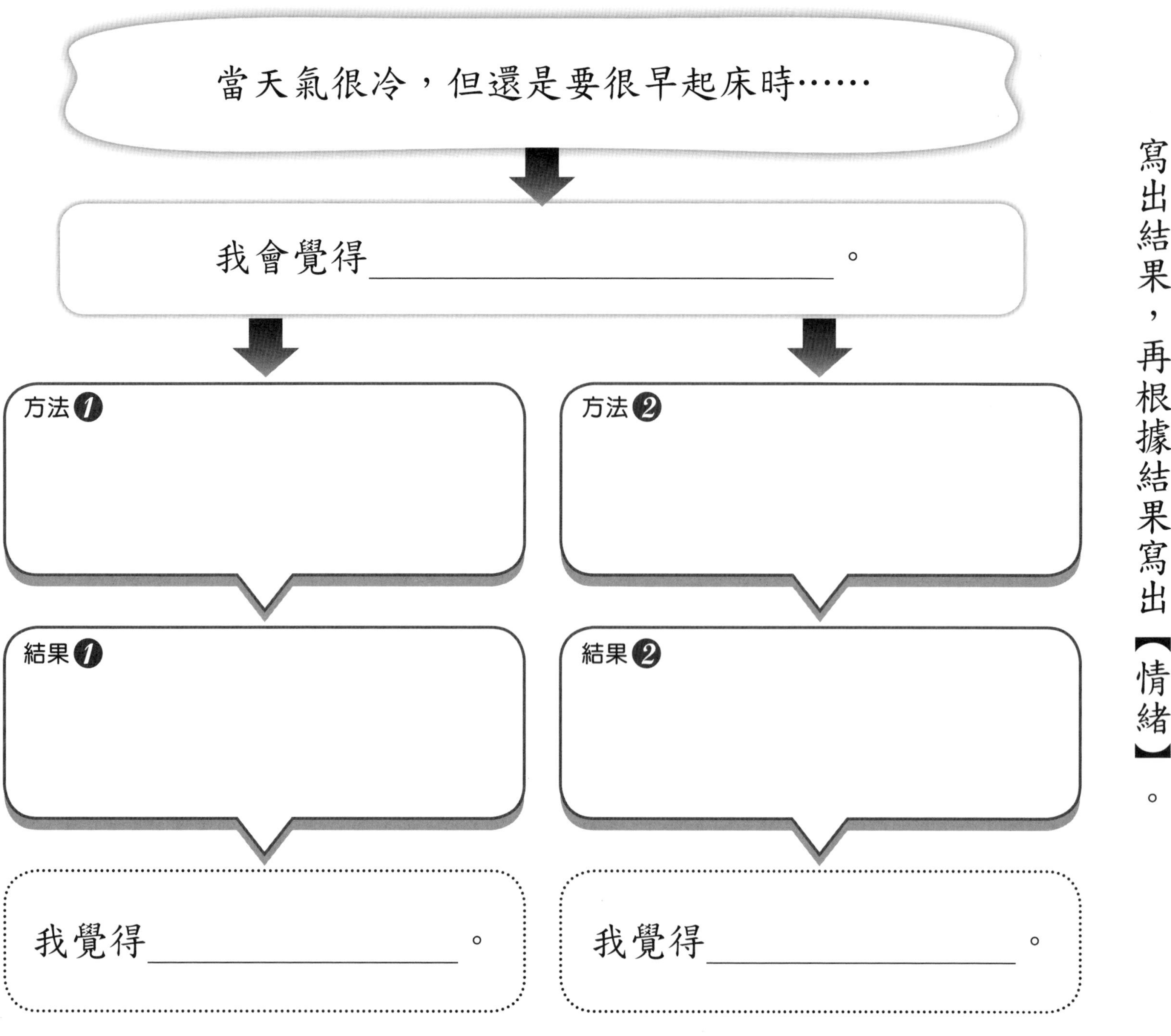

自我情緒選擇 57

今天是　月　日

※請根據情境寫出【情緒】，想出兩種方法之後，寫出結果，再根據結果寫出【情緒】。

當突然發現自己流鼻血時……

我會覺得＿＿＿＿＿＿＿＿＿＿＿＿。

方法❶	方法❷
結果❶	結果❷
我覺得＿＿＿＿＿＿＿＿＿＿。	我覺得＿＿＿＿＿＿＿＿＿＿。

自我情緒選擇 58

今天是　　月　　日

※請根據情境寫出【情緒】，想出兩種方法之後，寫出結果，再根據結果寫出【情緒】。

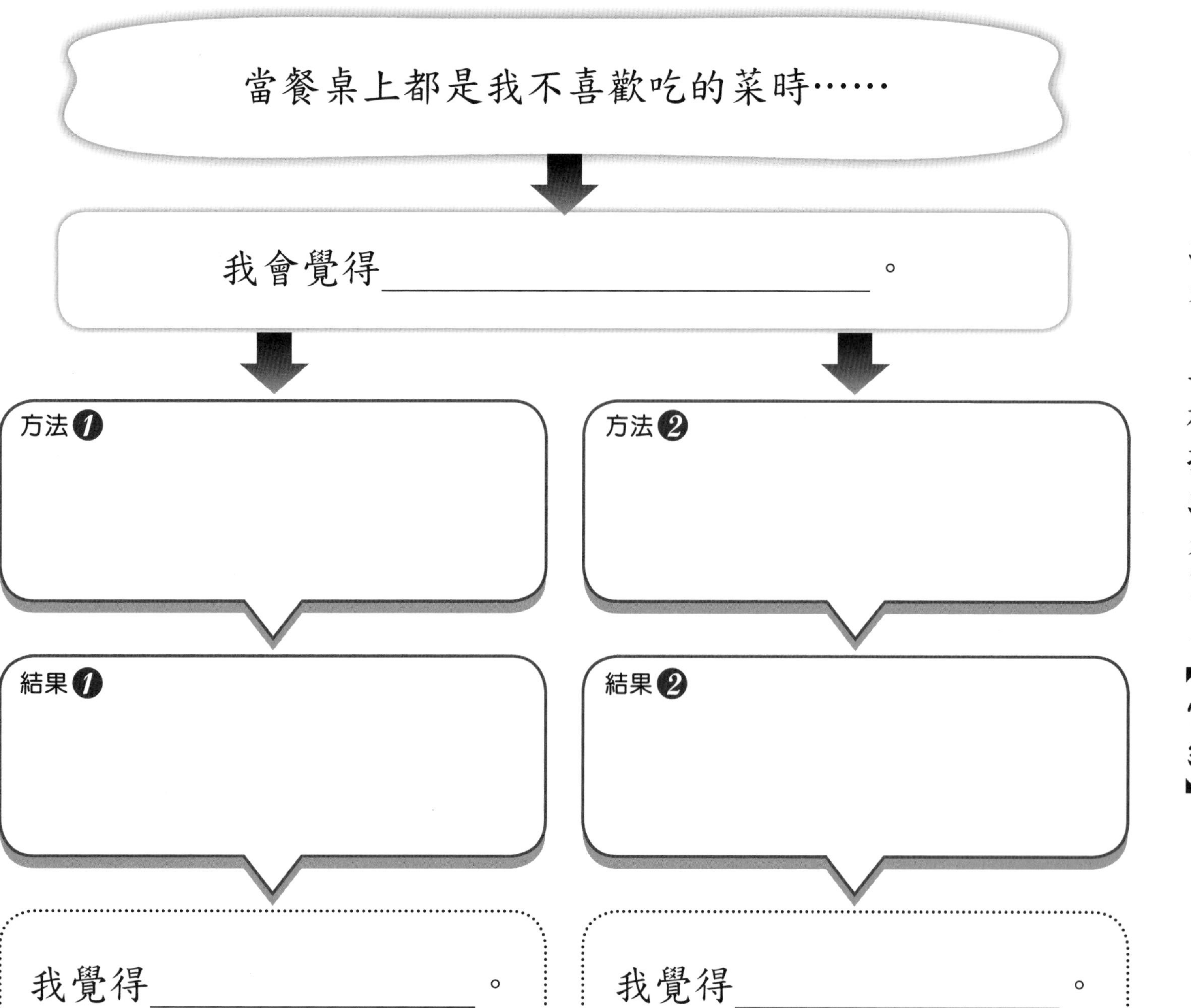

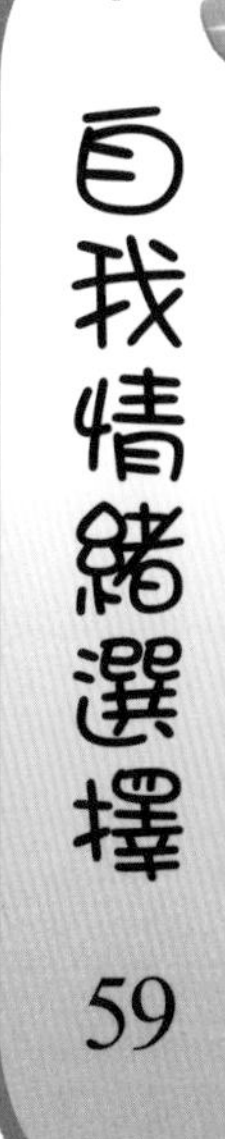

今天是　月　日

※請根據情境寫出【情緒】，想出兩種方法之後，寫出結果，再根據結果寫出【情緒】。

當我惹朋友生氣時……

我會覺得＿＿＿＿＿＿＿＿。

方法❶

方法❷

結果❶

結果❷

我覺得＿＿＿＿＿＿＿＿。

我覺得＿＿＿＿＿＿＿＿。

自我情緒選擇 60

今天是　　月　　日

※請根據情境寫出【情緒】，想出兩種方法之後，寫出結果，再根據結果寫出【情緒】。

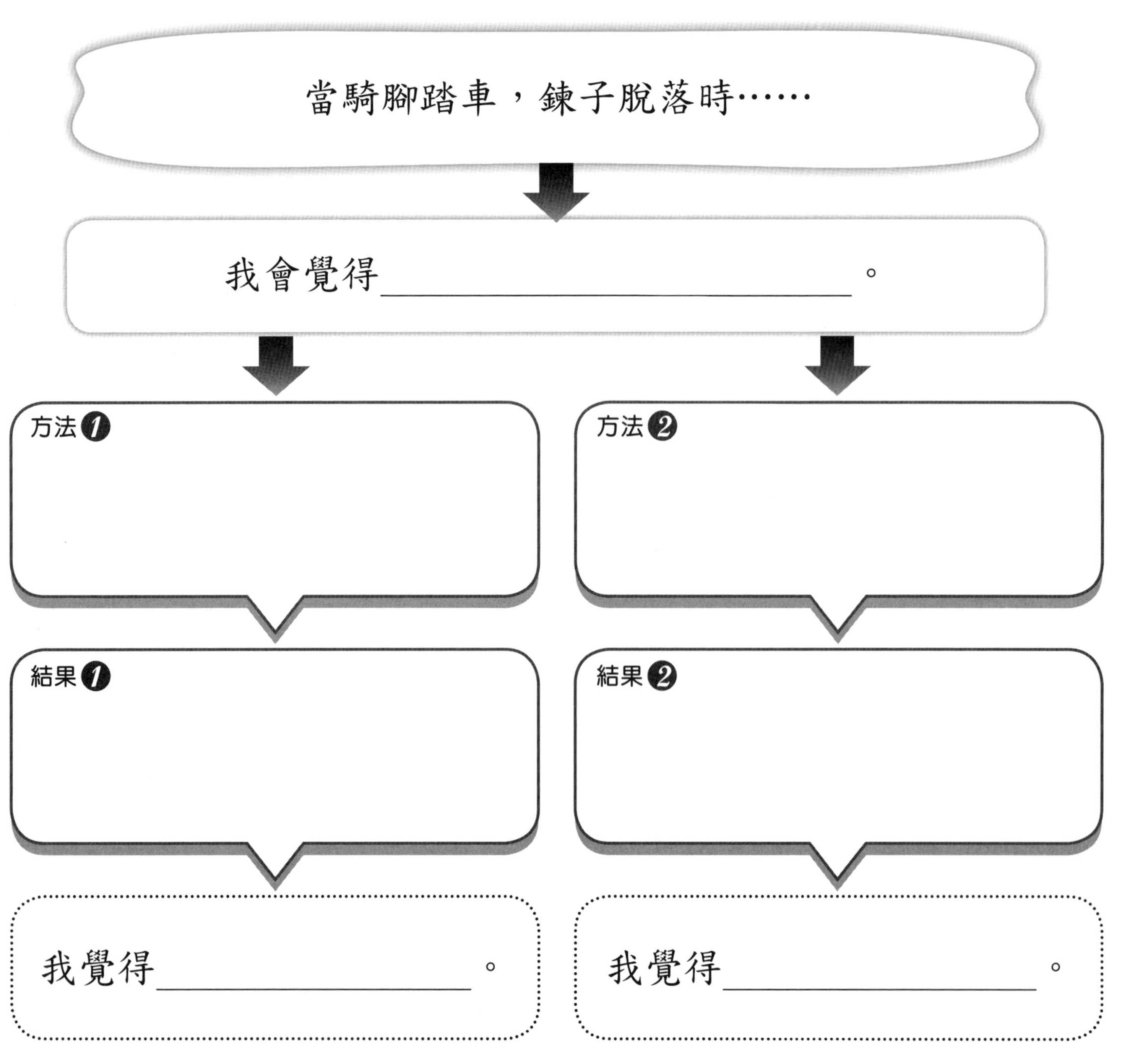

筆記欄

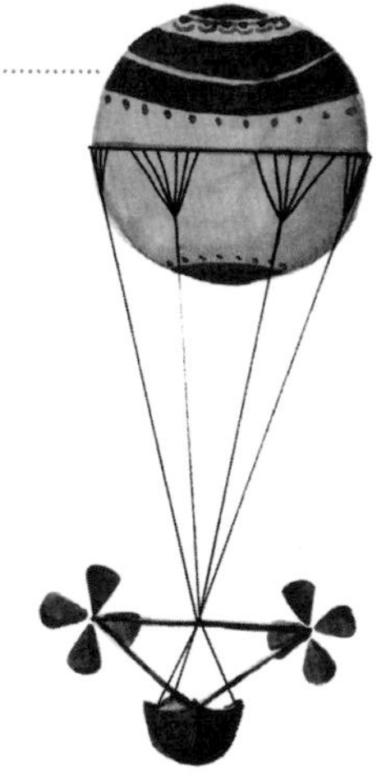

國家圖書館出版品預行編目（CIP）資料

心情特攻隊：我的心情遊戲書. 第一冊,
情緒辨識想選做 / 孟瑛如等著 -- 初版. –
新北市 : 心理, 2018.11
面 ;　公分. -- (桌上遊戲系列 ; 72241)
ISBN 978-986-191-846-4(平裝)

1.教育心理學 2.情緒教育

521.18　　107018601

桌上遊戲系列 72241

心情特攻隊：我的心情遊戲書（第一冊）
【情緒辨識想選做】

作　　者：孟瑛如、郭興昌、黃小華、陳昱昇、陳品儒、張麗琴、鄭雅婷
責任編輯：郭佳玲
總 編 輯：林敬堯
發 行 人：洪有義
出 版 者：心理出版社股份有限公司
地　　址：231026 新北市新店區光明街 288 號 7 樓
電　　話：(02) 29150566
傳　　真：(02) 29152928
郵撥帳號：19293172　心理出版社股份有限公司
網　　址：https://www.psy.com.tw
電子信箱：psychoco@ms15.hinet.net
排 版 者：昕皇企業有限公司
印 刷 者：昕皇企業有限公司
初版一刷：2018 年 11 月
初版二刷：2023 年 8 月
I S B N：978-986-191-846-4
定　　價：新台幣 200 元